小学生でも大学入試レベルが
スラスラ読める家庭学習法

英語で一流を育てる

A family learning method that empowers English learners of all ages to reach their full potential

ブルーマーブル英語教室代表
廣津留真理
Mari Hira

ダイヤモンド社

地方の普通の小学生が
わずか半年で
高校１年の英語教科書を読めるようになる
たった１年半で
大学入試レベルもスラスラ読めるようになる

冒頭からこんなことを書くと、

「まさか、そんなことが！」

「ありえない！」

と思われる方がほとんどかもしれません。

しかし、紛れもない**事実**です。

親子で楽しみながら、
世界で通用する「一流の英語力」がらくらく身につく。
英語4技能（読む、聞く、話す、書く）が、
1分、5分、10分のすきま時間で身につく。しかも家庭学習だけで！
親は教えなくてもいいのです。
ただ、ニコニコ隣に座っているだけ。
知られざるモチベーションアップの仕掛けも満載。

この本は、そんなわがままな願いをかなえる、たったひとつの本です。

CONTENTS

プロローグ

「まさか」を「すごい」に変える〝奇跡の勉強法〟初公開

CHAPTER 1

なぜ、一流は家庭で英語を学ぶのか

CHAPTER 2

常識破りの英語で子育て完全マニュアル

CHAPTER 3

「日本語B」で「英語脳」に変わる法

CHAPTER 4

1日たった5分のらくらく単語暗記法——英語は単語が9割！

CHAPTER 5
小学生でも大学入試レベルがスラスラ読める「超・音読法」

CHAPTER 6

ハーバード生がつくった英文をマネれば、英作文も子どもに教えられる

CHAPTER 7

家庭で英語の「1分間スピーチ」が得意になる方法

プロローグ

「まさか」を「すごい」に変える〝奇跡の勉強法〟初公開

親子で楽しみながら、一流の英語力が家庭で身につく

私の教室にくるお母さん、お父さんも、本書のメソッドに出合うまでは、英語教室や教材探しに疲れはてていました。

ベテランの英語教師でさえ、幼児や小学生に英語を教えるのは非常に難しいのです。

ですから、地方の普通の小学生が、

わずか半年で高1の英語教科書が読める

たった1年半で英検2級（高校卒業レベル）に合格する

なんてことは、信じられないと思います。

それもそのはず、これまで12歳以下の幼児から小学生に、英語4技能（読む、聞く、話す、書く）をきちんと教える方法は存在しませんでした。ですから、**日本中の誰もしっかり学んだことがない**のです。

そこで本書では、「英語で一流を育てる」というコンセプトのもと、**英語4技能を幼児から小学生に教える「型破りな英語学習法」と「親のための完全マニュアル」**を書籍で初めて公開します。

中高6年間であんなに習ったのに英語が話せない、聞き取れない。ビジネス英語メールなんて書けるわけがない。

まして、東京でオリンピックが開催される２０２０年に小学校で正式教科となる新しい英語を、子どもたちにどうやって教えるのかなんて見当がつかない。

しかし、そんな英語が苦手な親御さんでも、本当の英語力を家庭で子どもに身につけてもらう方法があります。

秘訣はたったこれだけ。

まず、**「家族全員仲よく」**する。

次に、**1日5分「お子さんの隣に座る」**。

親は英語を教えない。親子一緒に、たった5分間、英語を音読するだけです。

どうでしょうか?

これなら誰でもできそうだと思いませんか?

これを、2つの愛情表現、「アンコンディショナル・ラブ」(どんなときも何があってもあなたの味方です)と「フル・アテンション」(いつもあなたを見守っているから安心してください)を心に唱えて実践すれば、お子さんの英語力はみるみる伸びていきます。

家庭で一流の英語力を磨くには、**「家庭円満が9割」**なのです。

4～18歳まで、知識ゼロの子がグングン伸びる8か条

私は、これまで九州・大分と各地のセミナー、ワークショップで3000人の子どもたちを教えてきました。

下は4歳から上は18歳（高3）まで、学年の枠にとらわれない**「無学年制クラス」**で、元気いっぱいの子どもたちが、世界で通用する一流の英語力を学んでいます。

知識ゼロの子でも、次々に、グングンと、驚く速さで、使える英語を身につけていきます。

それはいったいどんなものなのか？

私が実際に教室で行っているレッスンは、次のとおりです。

❶ 1週間に1回、たった75分のレッスン

レッスンは平日のたった1日のみ。長時間やらない。週に何回もやらない

❷ 無学年制&ラウンドテーブル型の授業

教壇や個々の机を置かず、幼稚園児も小学生も中学生も高校生も、みんな一緒に大きなテーブルで学ぶ

❸ 最初から難しい英語にチャレンジ

未経験の小学生にも、レッスン初日から高1レベルの長文英語を読ませる。音読しながら多読する

❹ 先生の指導や採点がらくになるだけのワークを一切排除

アルファベットや単語の書き取りをしない。歌やゲームでごまかさない。外国の行事イベントを押しつけない

❺ 教えず、解かず、テストせず、とにかく暗記する

大量の英語をインプットすることに時間をかける。暗記ができた確認はしてもテストはしない

❻ 大きな声を出す

単語や英文を暗記するときは音読し、暗記したら大きな声で暗唱する

❼ スピード重視、ダラダラやらない

単語も英文読解も作文も、ひとつのタスクは3～7分以内。ひっかかっても止まらずに先に進める

❽ とにかくほめる

できないことを指摘せず、できたことを認めてほめる

英語「を」教えず、英語「で」世界に通用するスキルを教える

私は、2013年からサマー・イン・ジャパン（以下、SIJ）という小・中・高・大学生の次世代を担う若者向けの英語教育、芸術文化活動、国際交流で構成される2～3週間のサマースクールを主催しています。

ここで私は、ボランティアで代表理事を務め、毎年ハーバード大学でも極めて優秀な学生陣を日本に招き、子どもたちに英語「を」教えるのではなく、英語「で」世界に通用するスキルを教えています。

期間中のイベントには、のべ800名が全国はもとより、世界中から集うようになりました。

ハーバード生の夏期インターン先として、SIJの人気は年々高まり、西海岸のグローバルIT企業や、大手コンサルティング会社などの超有名人気企業を蹴《け》ってまで、優秀な学生がボランティア講師として次々とやってくるようになりました。

毎年約100名のハーバード生が応募してきますが、私はハーバード生向け筆記試験を作成し、面接にあたっています。

中学から英語を始め、英語圏に一度も住んだことがない私が、どうしてハーバード生に試験問題をつくり、英語で面接できるようになったのでしょうか。

私の英語は、「音読」できた瞬間からスタートしました。

私は、小学生のときに、テレビCMに出てくる英語の「音」と「文字」が一致することに気づいたのをきっかけに、教科書が音読できるようになっていました。

SHARP、NATIONAL（当時）の文字は「シャープ」「ナショナル」という音だと気づいた。ただそれだけなのです。

SHAの音は「シャ」ではないか、TIOの音は「ショ」だ。まさに、この本で紹介する「なぞり読み」（↓161ページ）を意識せずにやっていたのです。そのため、「勉強せずに」あらゆる英文を声に出してスラスラ読め、意味は辞書を引けばわかる。自然とそんな子になっていたのです。

当時流行っていたカーペンターズのレコードで、歌声と歌詞カードの文字が一致したうれしさで、何度も歌ってみたものでした。

意味が正確にわからないのに、歌詞で覚えた英語表現も多々あります。

SONYを「ソニー」と読むだけなら1秒です。歌詞カードの1曲は3分です。

これだけで本当にOK。英語の基本は**「音読」**なのです。

実は、日本人が英語で最も敗北感を感じるのは、英語4技能（読む、聞く、話す、書く）のうち、「聞く＝リスニング」です。

相手が何を言っているかわからないことに、恐れやあきらめの感情が先に立ち、固まってしまい、言葉のキャッチボールができなくなる。

でも、ご安心ください。

私がこの本で唱える「超・音読法」（↓第5章）をやれば、お子さんの読む力と聞く力は劇的に向上します。

同時に、隣に座っているお母さん、お父さんのリスニング力もアップ！

家族みんながハッピーになれるのです。

そんなわけで、この本には、お子さんの英語学習が思うように進まず、悩みに悩みすぎて、答えが見出せなくなっている親御さんに、**ちょっとしたすきま時間に、家庭でらくらくできる英語の「超・音読法」**をご紹介します。

塾なし・1日5分で地方公立からハーバードに合格した㊙ノウハウ

娘のすみれは、大分県の公立小中高から塾なし、家庭教師なしの家庭学習で、2012年にハーバード大学に合格。現在は、ニューヨークのジュリアード音楽院※の大学院でバイオリンを学んでいます（※1905年創立、世界で最も優秀な音楽・舞踊・演劇部門の大学のひとつで、2017年QS世界大学ランキング第1位【パフォーミングアーツ部門】）。

ハーバード合格の決め手のひとつは、本物の英語力（豊富な語彙&エッセイの唯一無二の自己表現力）でした。

娘は、幼い頃から私と一緒に楽しみながら英語を学び、小4の頃にはTo Do Listや付せんを使った自己管理術を工夫するようになり、読書、映画、歌、ネットなどで好奇心を育みました。

同時に、**「1日たった5分のらくらく単語暗記法」**（↓第4章）で語彙を数万語レベルに増やしながら、英語力をどんどん伸ばしていきました。

すみれいわく、「ハーバード合格には、単語暗記が不可欠」。

この本では、「1日たった5分のらくらく単語暗記法」を写真や**無料動画**でわかりやすく紹介しています（さらには、英語のミニ絵本で育ったすみれが勧める「本当に使える『らくらく英語ミニ絵本』ベスト5」も収録しています↓108ページ）。

いたって普通の家庭の子がなぜ？驚くべき4つの実例

私の授業は、週1回たった75分ですが、次のような生徒たちが続出しています。

【実例1】幼稚園年長から教室に通い始め、小2で英検準2級（高校中級程度）に合格したYくん
【実例2】小6から通い始め、英語学習経験ゼロにもかかわらず、わずか8か月で英検3級（中学卒業程度）に合格したGくん
【実例3】小3から通い始め、たった1年半で英検2級（高校卒業程度）に合格したTくん
【実例4】教室に通い始めてわずか7週間で、英検5級レベル（中学初級程度）に到達したMさん（9歳・小3）と一緒に通っている弟のSくん（6歳・小1）

このように、非常に短期間で、英検（実用英語技能検定、文部科学省後援）に合格しているのです。しかも、大分県の一般的な普通の家庭の子ばかりです。

2017年6月から英検準2級と3級の試験問題に「**英作文**」が導入されるなど、英検にも大改革の波が押し寄せています。

ここでは、英検の結果のみに触れましたが、生徒たちの**読書力**と**英作文力**は進学校の高校生もビックリのレベルに達しています。

無学年制の小中混合クラスでは、「おとなの基礎英語」（Eテレ）の講師でもあり、立教大学経営学部の松本茂教授のベストセラー『速読速聴・英単語Core 1900 ver.4』（Z会）を使いながら大学生レベルの語彙の文章を読み、英語で時事問題をディスカッションしています。

つまり、いろいろな教室に行ってもまったく成果が出ず、当教室を訪ねてきたお母さん、お父さんたちもニッコリの成果が次々と出ているのです。

英語4技能＋国語力＝一石五鳥のメソッドが完成した理由

私のメソッドは、英語4技能の「読む、聞く、話す、書く」を一体化して教えます。中でも特に評判がいいのが、「1日たった5分のらくらく単語暗記法」と「超・音読法」です。

すみれも常々、**「ハーバードの英語は単語が9割」**と言っていますが、本当の英語力がつくかどうかの最大関門は、単語習得にあると断言できます。

この本では、英語が苦手な親御さんや、英語にまったく触れたことがないお子さんがスムーズに日本語から英語に入っていける工夫を施しました。

新学習指導要領のもと、近い将来、高校で始まる**「論理国語」**を**「日本語B」**と名づけて先取り。日本語で英語の考え方がわかるようにし、毎日飽きずにモチベーションが上がる仕組みをはりめぐらせています（↓第3章）。

このメソッドにより、英語4技能だけではなく、**国語力**もつくのです。

ですから、**一石五鳥のメソッド**と言えるでしょう。

- **教室やワークショップで「3000人」の生徒たちを教えてきた**
- **娘のすみれが「塾なし、地方公立からハーバード」に合格した**
- **日本で唯一「200人以上」のハーバード生の家庭学習法を徹底リサーチした**

この3つの経験から、本書の家庭学習法は完成しました。

そうはいっても、「英語4技能＋単語暗記を小さいわが子に家で教えるなんて無理」

という親御さんのために、「常識破りの英語で子育て完全マニュアル」も収録しました（↓第2章）。

一方、お子さんには、英語4技能＋単語暗記のうち、何よりもまず、「単語」（↓第4章）、「読む・聞く」（↓第5章）のみを重点的に学習していただきます。これだけでも英語力は格段にアップするからです。

そして、お子さんをサポートする親御さんには、自分磨きと英語力リノベーションのために、「書く＝ハーバード生がつくった簡単英作文」を楽しみながら、子どもに教えられる構成になっています（↓第6章）。

ええ？「英作文なんて絶対できない？」

安心してください。

中学校で英語を少しでもかじった方なら、誰でもできるように工夫しましたから。

文科省が目論む〝2020年英語改革〟を先取り

ですから本書には、次のノウハウがすべて含まれているのです。

- **何歳からでも、英語がすぐに読めて聞けるようになる「超・音読法」**
- **小学校4年間分の「英単語」が、たった3か月でマスターできる暗記法**
- **本物の英語力と本物の国語力が同時に身につく方法**
- **1分間で要点を言える〝コミュニケーション力（コミュ力）〟を磨くスピーチ法**
- **みるみる英作文が上達するライティング法**

つまり、これから文部科学省が目論む〝2020年英語改革〟の目玉「読む、聞く、話す、書く」の英語4技能習得のコツがすべて網羅されているのです。

さらに、共働き世帯で「英語なんてやっている暇がない」という声に応え、**1分、5分、10分のすきま時間を使って手っ取り早く結果が出る方法だけを厳選**しました。

「教室ではできたのに、家でやったらできない」ということのないよう、ビジュアル面や五感を重視し、写真や**無料動画**も多数用意しました。

ですから、このとおりやれば、誰でも必ず英語ができるようになります。最少の時間で最大の効果にこだわったメソッドなので、ぜひその成果を実感していただければと思います。

英語でディスカッションする大学入試の衝撃

現在、政府が進めている **〝2020年英語〟は衝撃の内容**です。

特に、みなさんが気になるのは入試でしょう。中学入試に英語、大学入試は英語でディスカッション、こんな時代はすぐそこまできています。

英語を変えたければ入試を変えろ、というわけで、今後中学入試に英語が導入され、2020年からは、大学入試で**英語4技能すべてが課される**のは必須です。

実際、2017年の入試では、首都圏にある95の中学校で英語（選択）入試が実施されました。この流れは今後、全国に広がっていきます。

さらに、2020年の大学入試センター試験廃止にともない、大学入試英語は4技能すべてが評価される試験に変わります。

パソコンのマイクに向かって英語を話す、パソコンの画面上にキーボードを使って英作文をどんどん書いていくなど、親世代には考えられない英語教育になっていくのです。

子どもの学習を「家庭中心」にすると、家族のあり方が劇的に変わる

教室の親御さんからは、下記のようなメッセージをいただいています。

- 「このメソッドをやったら家族がとても仲よくなった」

- 「最初は遠めで見ていた夫が進んで参加、子育てについての会話が増えた」
- 「親子で話すテーマが社会問題にも発展して国語力も伸びた」
- 「夫婦のリスニング力が上達した」
- 「子育ての苦しさから解放され、自然体で子どもと接するようになった」

このメソッドで一度でも家庭学習を体験したら、家族みんながハッピーになり、考えすぎでうまくいかなかったことがウソのように吹っ切れて、好循環になります。

「子育ては世間の常識どおりにしないといけない」

「勉強も習い事も、すべてお金を払って外注しないといけない」

といった間違いだらけの子育てにもう戻ることはありません。

子どもの学習を**「家庭中心」**に据えると、家族のあり方が劇的に変わります。好奇心と向学心に満ちあふれた、円満な家族になれるのです。

ものごとは最初が肝心。初めに親がちょっぴりがんばれば、あとは子どもが勝手に自立に成功します。

いますぐ、ハッピーの好循環を一緒に手に入れましょう。

2020年に英語大改革！さあ、いますぐ一歩を踏み出そう

いま、文部科学省が本気で英語教育を変えようとしています。

2020年、**小3から外国語学習**が始まり、**小5から英語が正式な教科**になります。

ただ、もしかしたら、一番あたふたしているのは、学校や塾の先生たちかもしれません。

教え方に迷っておられる先生方にもこのメソッドは非常に有効です。

私は毎年、ハーバード生に対しさまざまなリサーチを行っていますが、彼らの成功要因として、幼少期に培った「家庭学習」の影響がとてつもなく大きいことがわかってきました。

2020年の東京でのオリンピックを契機に変わる新学習指導要領も、塾に丸投げ、学校任せの時代から確実に「家庭学習の時代」にシフトしています。

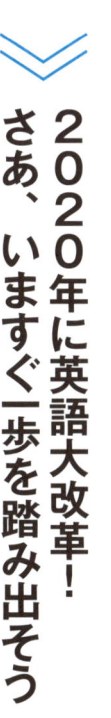

学力テスト評価以外の学びや表現力、コミュ力から人間性まで問われる〝2020年型学習〟は、家庭でしかできない学びが満載です。

読者の方々も、いろいろな英語本に手を出し、何度も裏切られてきたかもしれません。

私のメソッドは、一見非常識で型破りに思われますが、必ず結果がともないます。「1日たった5分のらくらく単語暗記法」と「超・音読法」で、お子さんが早期から家庭学習の習慣がつき、英語が得意科目になる。同時に、親御さんの英語力もアップする。

そんな家庭円満で笑顔が絶えないワクワク家庭がひとつでも増えたら、著者としてこれ以上の喜びはありません。

CHAPTER 1

なぜ、一流は家庭で英語を学ぶのか

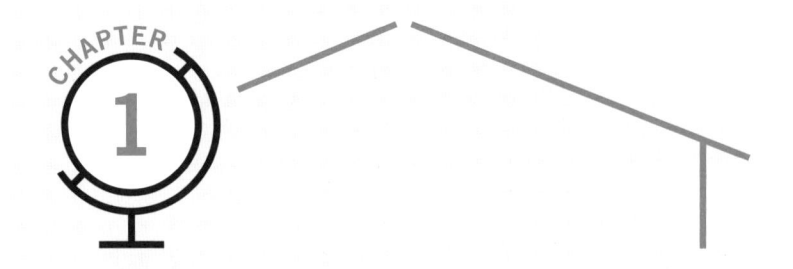

ハーバード生200名リサーチでわかった！日本人だけが知らない家庭学習の威力

私は、これまで**ハーバード生200名**がどんな家庭環境で育ってきたかをリサーチしてきました。

そこで驚くべきことがわかってきたのです。

ジェフは、現在、ハーバード大学で心理学を学ぶ4年生。レスリング部の主将を務め、ハーバードで自然クラブを立ち上げ、リーダーをしています。

小6まで一度も学校に通わず、12年間、家庭学習だけで育ちました。

両親は、「興味があって好きなものなら、子どもは自分で学ぶもの」という信念のもと、常にジェフをよく見ていて、興味がありそうなものを深く掘り下げる工夫をしてきました。

「ジェフは日頃の暮らしぶりから自然が大好き」と気づいたお母さんは、ジェフを毎

週バード・ウォッチングに連れていきます。

それから12年間、ジェフは全70種、5000羽の渡り鳥の研究をボランティアで行ってきました。そのため、理科への興味がどんどん湧いてきたのです。

さらに、お母さんのうまい工夫は続きます。

ジェフが9歳のある日、アラスカのドキュメント番組に夢中になり、食卓での話がアラスカばかりになったとき、お母さんはピンときます。図書館からジャック・ロンドンの名著『野性の呼び声』（光文社、アラスカの大自然と戦う犬の話）を借りてきて、ジェフに勧めたのです。

ジェフがこんな長い本格的な本を読むのは生まれて初めて。

でも、アラスカについて知りたい好奇心から必死に読み進めます。

読み終えただけでも拍手なのですが、両親がすごいのはここから。

なんと、自分たちの友達をたくさん家に招き、ジェフに「読み終えた本はどんな内容だったの？」と、みんなの前で本の要約と感想を話して披露する会を開いたのです。

発表後、みんなからたくさんほめてもらい、ジェフがとてもハッピーで、すっかり自信がついたことは言うまでもありません。

これで自然に「書評」「読書感想文」の書き方が身につきました。

日本の家庭でマネできる2つのこと

このジェフのすばらしいエピソードは、**家庭でマネできるところが2つ**あります。

ひとつは、「**興味があって好きなものなら、子どもは自分で学ぶもの**」という考えです。

それを活かすには、**子どもをよく見ること、好きなものの端っこを見つけたら、どんどん引き出してあげる**ことです。

もうひとつは、絵本でも短い本でも、日本語でも英語でもいいのですが、子どもが読み終えたら、「**要約**」**と**「**感想**」**が別々に言えるようにうまく質問**してみることです。

「どんなお話だったの？　読んでいない人みんなにわかるように短く教えてね」、これが要約です。

一方、**「どんなことでもいいから、思ったこと感じたことをどんどん教えて」、これが感想**です。

これなら、お風呂でも、夕飯の食卓でも、どこでもできますね。

もうひとり紹介しましょう。キーガンはハーバードで医用生体工学を学び、実験室と数字をこよなく愛する女子学生。

女子の理系（ＳＴＥＭ：Science, Technology, Engineering and Mathematics　科学・技術・工学・数学）嫌いをなくす活動もしています。

そんな彼女が英語を家庭で学んだ方法もユニーク。

まず、幼いとき、ＡＢＣや単語のつづりは、お母さんがつくるチョコレートプディングに指で書いていたそうです。うれしそうな姿が目に浮かびます。

共働きの両親は、仕事から帰ったら本を読んでくれるのはもちろん、お父さんはキーガンのために、寝る前に創作童話を話してくれました。

主人公は、聡明で勇敢な女の子。「なりたいものに何でもなれるんだよ」と言う主人公には、実はお父さんの娘への思いが込められていました。

キーガンは、「父のおかげでアイスホッケーから生体工学まで、男子学生に混じって明るく自然体でやってこれたのだ」と語ります。

また、生物を愛するきっかけは、お母さんと一緒にりんごを植えたこと。これにより、種から大きな木へ、そしてまた種をつける**生命の循環と命を世話する責任感**を学んだと言います。

いまは立派に成長したりんごの木。学習とは単に丸暗記や短期的なものではなく、**長い眼で見た、五感を使って会得するアート**なのだと気づかせてくれるエピソードです。

ハーバード生の親が大切にする家庭学習「3つ」の原則

SIJを通じて私がハーバード生から受け取った履歴書やエッセイは5年間で何百通にものぼります。

書類選考を通過して私が面接したのはそのうち100名、SIJで一緒に活動したのは5年間で50名ほどです。

ハーバード生の99％が言うのは、**「学習は家庭が基本、両親は私の最初の先生、いまの私があるのは、親ときょうだいのおかげ」**ということ。

親がしてくれたことで、特に大切に感じたとハーバード生が挙げているのは、次の3つです。

1 何でも挑戦させてくれ、できないものは「失敗しても問題ない」と明るく受けとめてくれた。できるものは興味がもっと湧くように工夫してくれたので、もっと

もっと好きになり、自分で努力したらどんどんうまくなった。うまくなるとほめられるので、ますます上手になって、得意分野になっていった。

❷オープンマインド＝新しいアイデアを柔軟に受け入れる姿勢や、自分と異なる人の意見もよく聞くことを習ったことで、他人を尊重する態度が培われた。結果、リーダーとして活躍する素地ができた。

❸「勉強しなさい」「宿題やりなさい」「練習しなさい」と一度も言われたことがない。勉強はいろいろな体験を通じて「勉強への強い興味」が湧くように導いてくれた。宿題は一緒に取り組んでくれた。スポーツや音楽の練習は常に見守っていてくれた。

とても明るい、すぐに行動する、仲のよい家族の姿が目に浮かびませんか。

つまり、家庭学習は、**家族全員が仲よくすれば9割成功したも同然**です。

さらに、この3つの家庭学習のキーポイントを取り入れれば、これからお話しする「家庭で一流の英語力を身につける」のは誰でもできるのです。

一流の英語力を支える3つの力

そもそも「一流の英語力」とは、どういうものなのでしょうか。

英語を使って世界レベルで「情報を**ゲット（収集）**」できる力、英語を使って世界レベルで「情報を**シェア（共有）**」できる力。さらに、英語を使って世界レベルで「価値（**バリュー**）を**創造**」できる力と私は定義しています。

ゲットできる力

現在インターネット上で公開されているすべてのサイトの51・9％は英語、日本語のサイトはわずか5・6％というデータがあります（World Wide Web Technology Surveysより、2017年4月6日時点）。

英語ができる人は、日本語しかできない人の**10倍近くの情報**を得ることができます。

同時に、英語を母国語とする人は世界の人口約73億人のうち約4億人、公用語や第

2外国語として使用している人は約17億5000万人で、計21億5000万人が英語で生活しています。さらに、国際イベントや会議には欠かせない言語です。

シェアできる力

人が言語を使うのは、社会で共同作業をするためです。

自分をよく知り、何をするかを決定し、作業内容を上手に人に伝えなくてはなりません。

複数の他人の意見を類推したり、フィードバックしたり、交渉したり、決定したりします。

高度な言語能力と同時に、**タフでオープンな心**も必要です。

自分に必要な情報を、世界中から日本語よりもはるかに多く英語で得ることができたら、次に重要なのは、そうした情報や自分の考え、意見、思いなどを多くの人たちと共有して、切磋琢磨することです。

価値（バリュー）を創造できる力

シェアする中身がなければ、そもそもコミュニケーションは何語でも成立しません。

未来を担う子どもたちには、みんなと分かち合うに足る、これまでにないほど画期的で社会の役に立つ価値をつくれる人になってほしい。自分にしかできない、得意なジャンルで結果を出していく。結果が本当にみんなのニーズや社会貢献に寄与しているかを世に問いながら次に進む。

こうして社会に活かせるバリューを世界中の人とつくっていくのです。

文法英語、受験英語、日本語逐語訳が常識だった親御さん世代に、「ゲット・シェア・バリュー」の英語などといっても戸惑うばかりかもしれません。

でも、これだけテクノロジーが発達して世界が狭くなった状況で生き抜く子どもたちは、必ず英語を使って自己表現することになります。

ですから自分をわかりやすく伝える英作文や、プレゼン、ディスカッションの中身とスタイルをきっちり学ぶ必要があるのです。

ただ、そんなことを言われても、英語教室も教材も違いがわからず選べない、家庭でサポートできない、何歳から始めればいいのか、どう始めればいいのかわからないというのが本音だと思います。

絵カードと文字カードの〝ゲーム感覚〟で英作文の力を磨く

でも、大丈夫です。私の教室の例を挙げましょう。

小5のMくんは、週1回、私の教室で学び、**たった1年で英検3級**（中学卒業程度）に合格しました。

Mくんの家庭学習はこんな感じです（↓次ページ）。

英検3級には英語での面接があります。

英語で話すのは、日本語環境だとなかなか機会がないので、お母さんは**スピーチ練習用の絵カード**を過去問題集から切り抜きます。

そして、**絵カードと文字カードを活用し、絵を説明する文章を表に日本語で、裏には英語で**記入しました。

「男の子は青いTシャツを着ています」が表（図1）、〝The boy wears a blue T-shirt.〟が裏（図2）です。

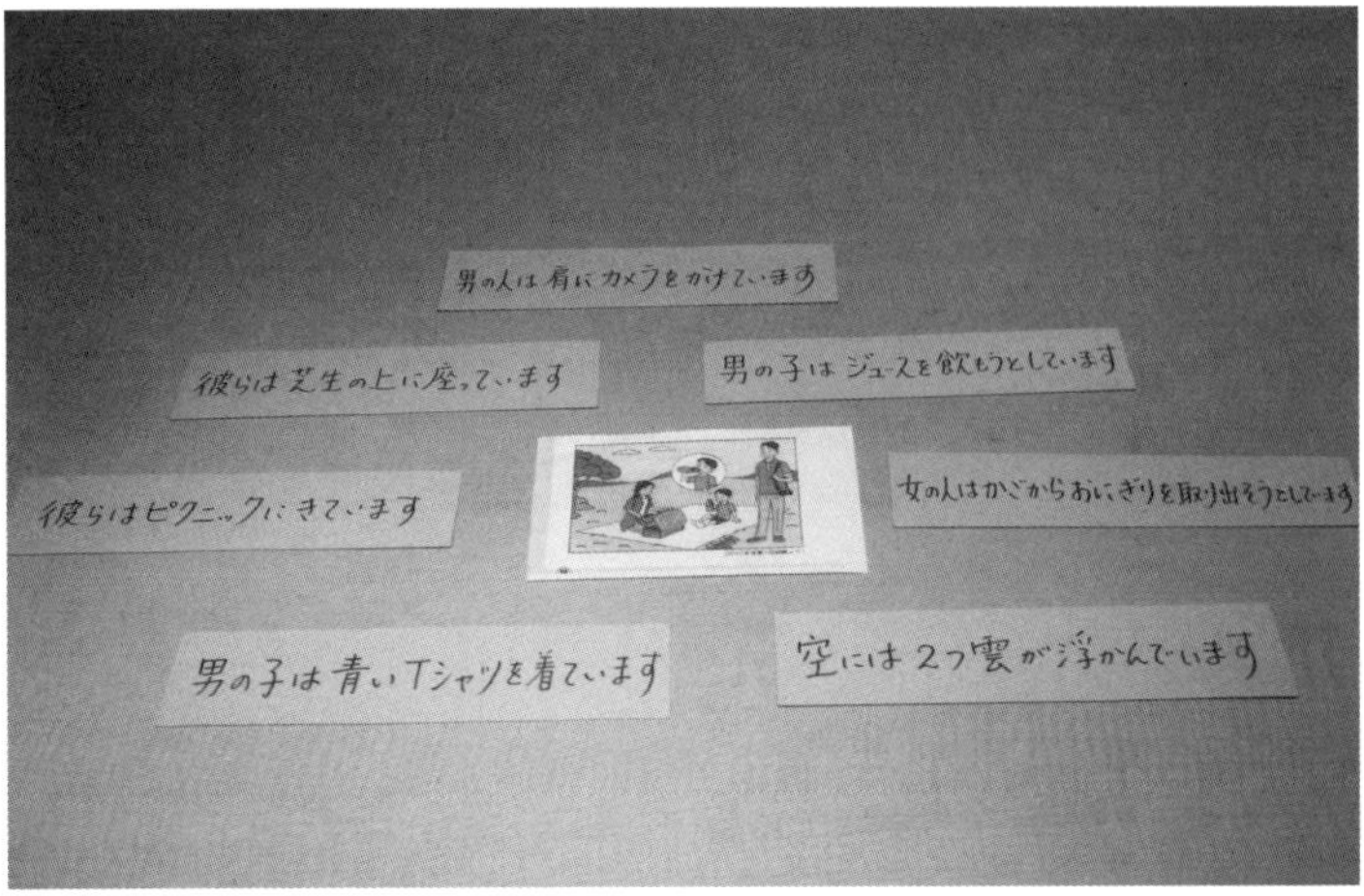

図1　絵カードと文字カードを活用した「日本語面」

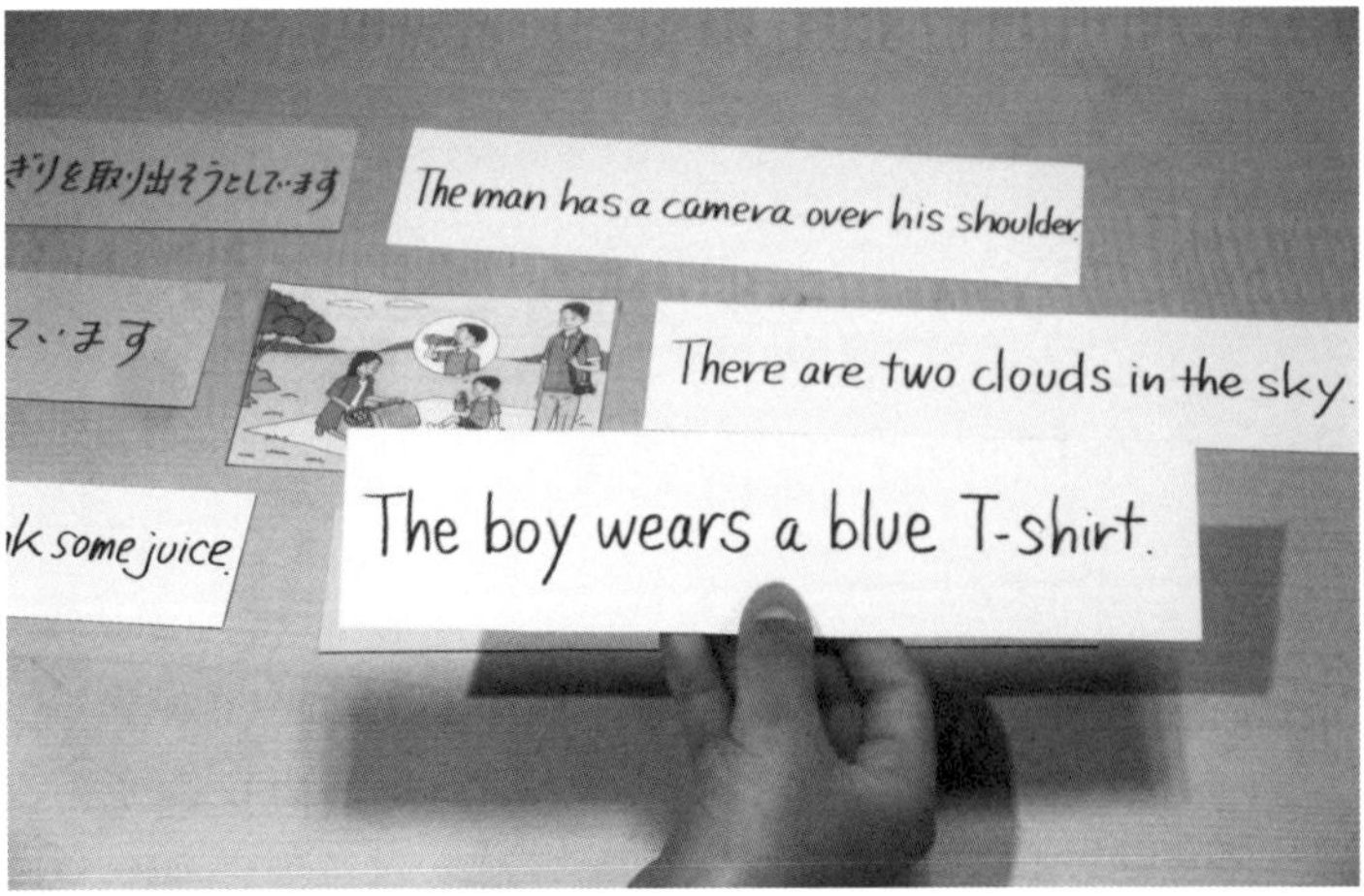

図2　絵カードと文字カードを活用した「英語面」

それを絵カードのまわりに散りばめます。

こうすると、まさにゲーム感覚。

Mくんはまず、全カードの日本語面をざっと見て、簡単に英語にできそうなカードから順に1枚ずつ取っていきます。

1枚手に取ったら、まず日本語を音読。その後、ひっくり返して英語を音読。それを3回くり返して英文を丸暗記します。暗記ができたら裏の英語を見ないで、英語でしっかり声に出します。

合っていたら正解！ ひっくり返して文字カードをゲットします。親やきょうだいと2人でやるときは、全部先にひっくり返したほうが勝ち！ 競争になるとさらに楽しい！


現在、英検準2級レベル（高校中級程度）の英語をやっているMくんには、自己表現のための英作文が必要です。ただ、毎週欠かさず出される英作文は、進学校の高生でもなかなか難しいもの。

そこで、Mくんのお母さんがした工夫はこうです。

今回のお題は、〝**If you could pick any superpower, what would it be and why?**〟（ど

んな超能力がほしいですか？　それはなぜですか？）です。

文法的に言うと、仮定法過去（まあありえないよね、そんなこと）を使います。

私の教室ではまったく文法を教えず、小学生でもどんどん高校3年間を超えた学びをするので、Mくんも当然、自分がやっているのが高校中級レベルとは知りません。


それで、Mくんの英作文学習はこうして始まりました。

まずは、私とハーバード生がつくった例文（46ページ一番上）を暗記します。

私はいつも、**「自己紹介を100パターン英語で書いて暗唱しておけば、知らない人と会ったとき、お互い楽しく初対面の会話ができるから」**と教えています。

そこで、Mくんは例文暗記にとりかかります。自分で100％書けなくても、暗唱してしまえば、もうその表現は自分だけのもの。

普通の日本の公立小学校3年生がこれをきちんと書くのはほぼ不可能ですが、暗記してしまい、自分のものとして口に出しているうちに、だんだん英語の表現方法が身についてきます。そうなったらしめたもの。

今度は、「英文穴埋めテンプレート（46ページまん中）を使い、自分流の表現で埋めていきます。

【私とハーバード生がつくった例文】

If I could pick any superpower, it would be to be able to fly. My superpower would be useful because I could save people like Superman does. Also, I would be able to fly anywhere I wanted to. For example, I would go to Hawaii. That is why I would choose flying as my superpower.

【英文穴埋めテンプレート】

If I could pick any superpower, it would be to be able to

______________.

My superpower would be useful because I could

__________________________.

Also, I would be able to ______________________________.

For example, I would _________________________________.

That is why I would choose ____________________________

as my superpower.

【日本語訳】

ぼくは空飛ぶ超能力がほしいです。なぜなら、困っている人を助けるスーパーマンのようにどこにでも飛んでいけるからです。それから、好きな場所に飛んでいけるからです。たとえばハワイとか。なので、ぼくは空飛ぶ超能力を選びます。

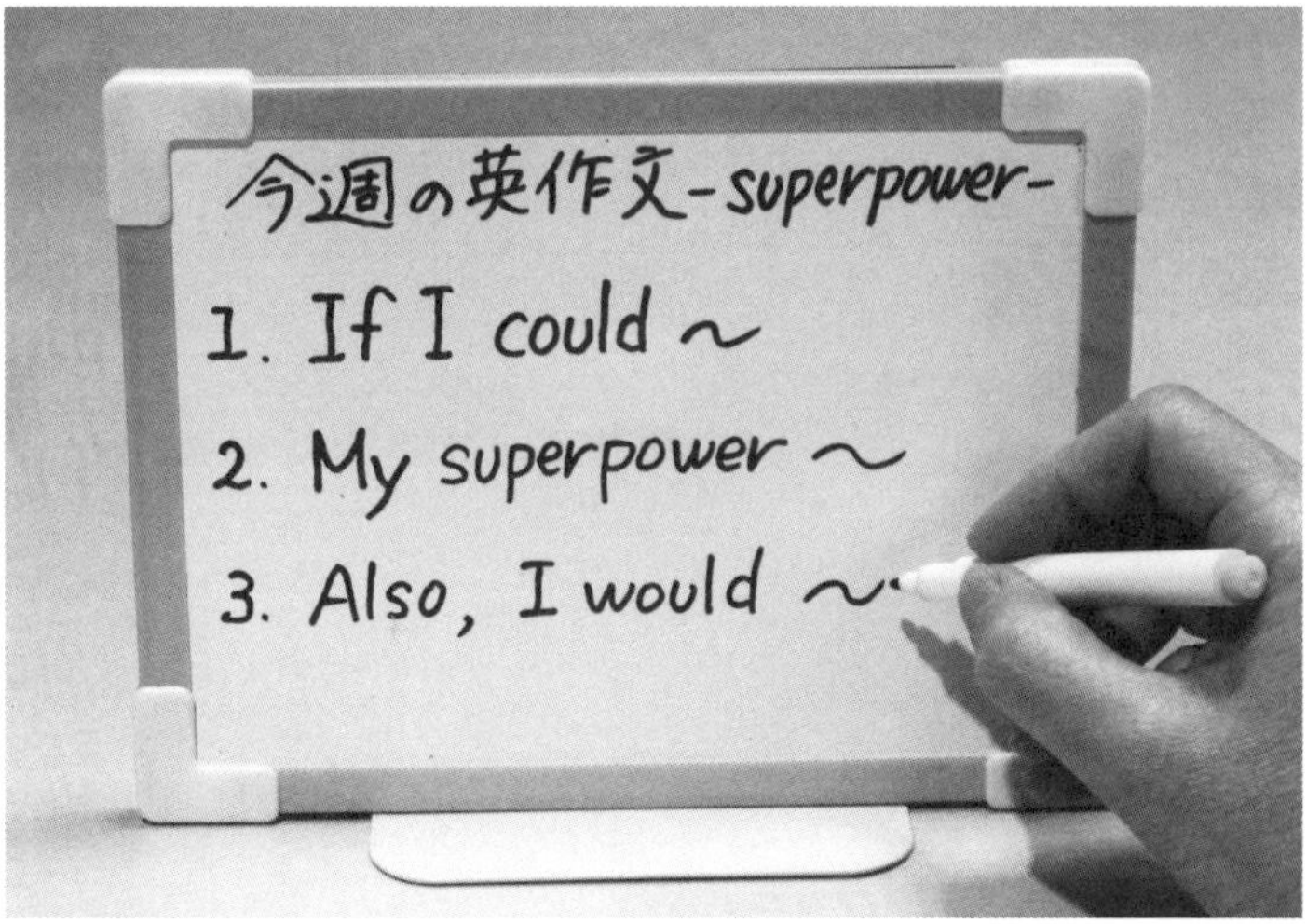

図3　英作文用の小さなホワイトボード

英作文も最初は**「暗記が9割」**なのです。

Mくんのお母さんがやっているのは、**すきま時間を利用するホワイトボードの活用**です。

英作文用の小さなホワイトボードを購入し、机の上に置いています（図3）。

私は、**「覚えにくい人は、各文章の冒頭にマーカーを引いて、そこだけ覚えると、らくに暗記できるよ！」**と言っているので、Mくんのお母さんはそこからヒントを得て、ホワイトボードに**3文の最初の部分だけを書いて、1日1回は必ず暗唱**させるようにしたそうです。

これにより、Mくんの英作文力がグーンとアップしたのは言うまでもありません。

1年でグングン伸びたMくんへ、お母さんからがんばったご褒美が贈られました。

ひとつは、**ドラえもんの英語版のマンガ**です。

これは、ドラえもんが大好きなMくんが、マンガを読みながら英語に親しむことができるようにとの親心。

もうひとつは、ハリー・ポッターとダレン・シャンの洋書。Mくんが日本語で読んで気に入っている本なので、いつか原書を自分で読んでほしい、と贈ったそうです。

決して強制しない、「○○をしなさい」と直接命令をくださない、子どもが自分から読みたくなる、学習したくなる、そんな環境をつくるのが一流の英語への近道です。

それには、まず、**親子仲よくが一番**です。

ベトナムの高校入試問題は日本よりはるかに難しい

小学生でも、わずか1年で高校中級程度の英語力がつく事例を紹介したところで、現在の日本の学校英語は、国際的に見ると、どうなのか見ていきましょう。

みなさんはベトナムと聞くと、日本に追いつこうとしているアジアの新興国のイメージかもしれませんが、ここに衝撃的な事実があります。

ベトナムの高校入試問題（英語）は、日本のそれと比べてはるかに難しいのです。

２０１６年に実施された大分県の公立高校の入学試験では、こんな英作文の問題が出題されました（英文の和訳は著者。名詞などは若干変えてあります↓51ページ）。

【問２：リスニング】１番の英文を聞いて、Xに該当するものを１～４の絵から適切なものを選びなさい。

〔1〕Taro will go shopping with his friends and take X, because it will rain this afternoon.

Q：What will Taro take this afternoon?

（日本語訳）

〔1〕タロウは友達とショッピングに、Xを持って行きます。午後は雨が降るからです。

質問：タロウは午後、何を持って行きますか？

1

2

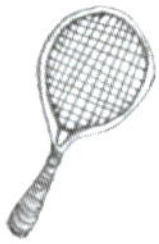

3

4

【大分県の公立高校の入試問題（2016年）】

【問1：英作文】＿＿＿＿＿＿＿＿で言っていると考えられることを4語以上の英文1文で書きなさい。

A：May I help you?

B：How can I get to Oita station?

A：＿＿＿＿＿＿＿＿.

B：Oh, you are so kind!

A：We've arrived!

B：Thank you very much.

（日本語訳）

A：どうしましたか？

B：大分駅まで行きたいのですが。

A：＿＿＿＿＿＿＿＿

B：ご親切に。

A：着きましたよ。

B：ありがとうございました。

どうですか？　英語を中1から始めて、3年たったテストがこのレベルです。問1の模範解答は、〝Let's go there together.（一緒に行きましょう）〟です。文脈も唐突すぎる展開です。

解答もせめて、

〝It's very close. Shall I show you the way?（とても近いのでご案内しましょうか）〟

くらいはほしいところです。

驚くのはリスニング問題です（➡50ページ）。もっと簡単です。

当然、問2の答えは、1の傘の絵です。

くり返しますが、これは公立高校の入試問題です。

そのレベルは衝撃的に低いと言わざるをえません。問題文の簡単さに加えて、選択肢が文字ではなく、なんと「絵」なのです。

今後廃止される予定の大学入試センター試験のリスニング問題にも、絵から選択させる問題が複数ありました。驚きの事実です。

次にベトナムの高校入試問題です。わかりやすくするためにすべて和訳してありま

【ベトナムの高校入試問題】

【問】選択肢A～Dから正解を選んで________内を埋めてください。

【1】Hundreds of people in the hardest-hit zone are at ________ of disease unless a tsunami-level aid effort is mobilized.

A. threat　B. menace　C. risk　D. danger

津波対応レベルの救援活動が行われているにもかかわらず、最も大きな被害地域では何百人もの人々が病気にかかる危険にさらされている。

【2】Climate change and rising global food prices, which are ________ all people, are at the top of the agenda.

A. a cause for concerns to　B. of concern to
C. alarm bells from　D. a cause for alarm at

気候変動と全世界的な食糧価格の高騰は、多くの人々の懸念するところであり、議論の最重要項目だ。

【3】Anti-terrorism forces were ________ full alert during the Olympic Games.

A. in　B. under　C. on　D. at

テロ対策部隊はオリンピック期間中、厳戒態勢を取っていた。

解答：【1】C　【2】B　【3】C

す。

ベトナムの高校入試問題は単語数、難易度ともに日本の水準をはるかに超えていて、日本の大学入試レベルに匹敵します。

しかも扱う英文の内容が違います。この入試問題から、「国家の繁栄は教育にある」という方針のもと、ベトナム政府がどんな子どもを育て、未来を託したいのかが垣間見えてきます。

日常会話に困らない、なんとなくコミュ力がある中学生を育てることを目標としてきた日本と、意味のある情報がきちんと読み取れて、共有できて、そこに解決策を見出すことができる子を育てようとしているベトナムの「一流の英語」との格差を感じざるをえません。

大分県内の大学には、ベトナムからの留学生が多く学んでいますが、英語が得意でコンピュータにも精通しています。

みなさんのお子さんは、このようなアジアの若者と働くことになるのです。うかうかしていられません。

国が本気で学校英語を劇的に変え始める

このような国際競争にさらされている日本の英語教育は、今後、大きく変わります。

2016年8月、新学習指導要領のまとめ案が公表されました。

それによると、新学習指導要領による英語教育は、小学校では2020年に完全実施を目指して、2018年から段階的に実施されます（中学校は2021年、高校は2022年から完全実施の見込）。

新しい時代に必要な「生きる力」を育むポイントは3つあります。

1　生きて働く知識・技能の習得

2　未知の状況にも対応できる思考力・判断力・表現力等の育成

3　学びを人生や社会に生かそうとする学びに向かう力・人間性の涵養《かんよう》

新しい時代に必要な「生きる力」を育む3つのポイント

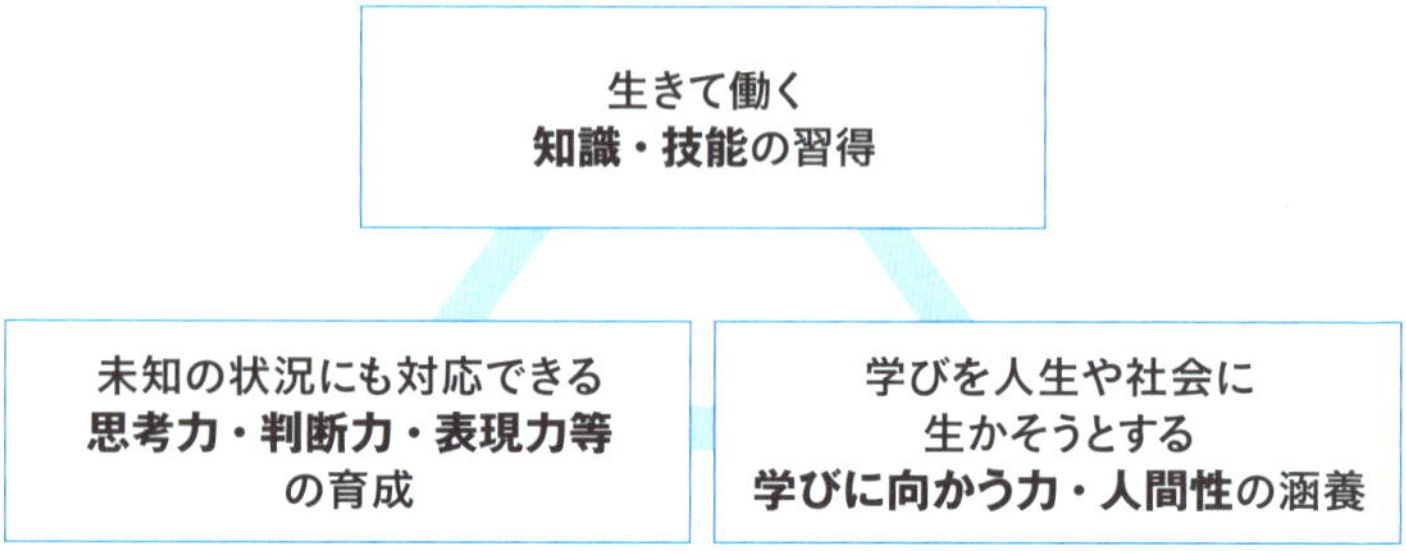

これまでの丸暗記、テスト重視の採点型授業をやめ、「主体的・対話的で深い学び（＝アクティブ・ラーニング）」の授業になります。

まもなく、学校の英語は劇的に変わります。最大のポイントは、これまでの文法重視の受験英語ではなく、使える英語に求められる**「読む、聞く、話す、書く」4技能の習得**になることです。

現行の「大学入試センター試験」も廃止され、それに変わる新しい試験が導入されます。

そこで実施される英語テストでも、従来の「読む」「書く」だけでなく、「聞く」「話す」も含めた4技能が評価されるようになります。

「中学の英語は中学になったら始めればいい」

「大学受験の勉強は、高校になったら準備すればいい」

「ウチの子どもはまだ小さいから、大学受験なんてまだまだ先の話」

それは大きな間違いです。

今回、全教科で**「幼児教育から高等学校教育までを見通して、一貫した教育目標や教育内容の取り組みを行う」**という方向性が掲げられているからです。

つまり小学校で学ぶ英語も、中学・高校の英語も、同じ1本のレールに乗っかっているということ。そのレールはさらに先の将来までつながっていきます。

そもそも、世界で通じる英語に、「日本の中学英語」「日本の受験英語」「〇〇大学対策英語」などというカテゴリはないのです。

小3から「外国語活動」、小5から「正式教科」！しかし、大問題が潜んでいる！

小学校では、**「外国語活動」が、小学3〜4年生で年間35時間ずつ、小学5〜6年で英語は「外国語」として正式教科となり、それぞれ年間70時間**をあてられます。

つまり、2020年から小学校では、3年生から年間35時間の外国語活動、5年生からは年間70時間の正式教科になるということです。

小学校での英語学習のスタートがかなり早くなる。

学ぶのは早ければ早いほどいいのだから大歓迎――確かにそのとおりです。


しかしながら、決して手放しで喜んでいい状況ではありません。

一番気になるのは、小学校での4年間で習う**英語の量が圧倒的に少ない**点です。

新学習指導要領では、小学4年間で覚える単語数は600語程度。これは現在の中学1年生が1年間で覚える語数と同じです。


つまり、**4年間で「中学1年間分」しか教えない**ということです。


いまの「中学1年間分の英語」はそもそも中身が薄いのに、それを先取りするために小学校の大事な4年間を費やす――なんともったいないことでしょう。

そのわりには、活動目標は壮大なスケールです。文化の多様性を尊重して、相手に配慮しながら聞いたり話したり、さらには読んだり書いたりすることについての態度の育成も含めたコミュニケーション能力の基礎をつくる、というわけです。

いやいや、apple, park, police, stationレベルの単語を600語覚えたところで、「文化の多様性に配慮したコミュニケーション」など不可能です。

その一番の原因は、**「12歳以下の子どもたちに、きちんと英語を教えるメソッドが存在しない」**ということに尽きます。

英語学習のスタート年齢を引き下げたはいいけれど、小さな子どもたちに英語の何を、どうやって教えたらいいいか、誰もわかっていません。

だから、手っ取り早く中学英語を小学校に引き下げて教えることを思いついたのでしょう。

その背景には、「子どもはまだ小さいから、中1で習う600~700語くらいの単語を4年間かけて覚え、中学で勉強する準備をしておけばいい」という昔からの「子どもは幼稚な存在」という誤った考え方があります。

学校現場で今後、どんな授業が行われるか

さらに、現場で英語を教える先生が全国で何万人も必要になりますが、文法中心の教育を受けてきた普通の成人を、短期間に何万人も4技能型講師に育成するのは至難の業という大問題があります。

4年間かけてどんな授業が行われるかも容易に想像がつきます。

- 単語を絵に置き換えて、絵を見ながら覚えさせる
- アルファベットに慣れさせることを目標に掲げ、英語に自信がない先生も決して間違えない「ローマ字」指導にたっぷり時間を費やす
- apple, park, police, stationといった2~3か月あれば覚えられる600単語を、きれいに書き順とつづりを守ってノートに書き写す「書き取り」で4年間を費やす

- 文法を中心に教え、時間をかける（潰す）ために何度もペーパーテストする
- 小テストで間違いを指摘しては「まだちゃんと覚えていないね」と復習させる
- ときおりネイティブ（外国人）講師がやってきて、「元気？」「天気は？」「時間は？」「好きな動物は？」など4年間変わらないレベルの会話をする

どうでしょうか？
ちょっと不安になってきませんか？

そんな「12歳以下の子たちに英語を教えるためのメソッド」を、本書では誰でもできるように紹介していきます。
家庭だけでなく、学校で教えることになる数万人の英語教師のみなさんにも、ぜひ実践していただきたいと思います。

小3と小1でもできる！　「英語レッスン丸ごと復習劇」＆「どこでもホワイトボード」

ちょうどこの小3〜小6の4年間もかけて導入される600語レベル（＝英検5級、中学初級程度）の学習を家庭で効果的にしているMちゃん（小3）、Sくん（小1）姉弟《きょうだい》の場合が面白いので紹介しましょう。

なんと自宅の一室を英語教室に見立て、受けてきたばかりの私のレッスンを姉弟がお母さんの前で再現するというすごい発想の**「英語レッスン丸ごと復習劇」**です（図4）。

2人は教室で英語を始め、7回のレッスンで中学初級レベル（英検5級）に到達！

お母さんに伺うと、私が毎週100個出す英単語の宿題を、**Mちゃんは1日で100個全部を読んでいる**そうです。

さらに、**移動できる「どこでもホワイトボード」**（図5）に、その週の宿題を貼り

図４　教室に見立てた部屋で、「英語レッスン丸ごと復習劇」！　これは頭に入ります！

図５　ノマド式の「どこでもホワイトボード」を子どもたちの行く先々に持ち運んで活用！

つけ、Mちゃんが先生役、Sくんが生徒役になり、冬休みには3回交互にローテーションを組んで問題を出し合う。ときにはお母さんも生徒役や先生役で加わったので、家族みんなで盛り上がったといいます。

私のレッスンでは、英語未経験の小さな子も、1回目から高校1年レベルの英文と絵本をいきなり読まされます。

絵本は英語の音声データを聞きながらしっかり文字を読んで、4回のレッスンで1冊または1章を暗唱します。

Mちゃん、Sくんのお母さんは、モチベーションが続くよう、暗唱しやすく自分の発音がすぐにチェックできるよう、**姉弟の暗唱を録音**しています。

お母さんいわく、

「**マイクを持つと顔つきが変わり、日本人でなくなります**」

そうなんです！　子どもの可能性は無限大！

家庭学習で注意すべき点は次の5点です。いつも私が教室やセミナーで話していることですが、お母さんは、これをほぼすべて守っています。

- **子どもが途中でひっかかっても、こだわらずに読み進める**
- **読めているのかわからないけれど、一緒に文字を指で差しながら読み進める**
- **できているかどうか試さない**
- **ダラダラ続けない、時間を区切る**
- **テキトーにやる**

その他にも、

「児童英語教室に何年も通っていたが、一向に英語の文章を読ませたり、作文を書かせたりする気配がなかった。たった1年で、子どもがこれほど英文の暗唱や作文が上手になって本当にうれしい」

「毎日、ＦＲＵＩＴとか、ＬＩＯＮとか何回も書き取りをさせられて、子どもはうんざり。５年も続けているが、１センテンスも読めない。友人のママに相談したら、『ひろつる先生がセミナーで、自宅で単語を暗記するだけであっというまに英検５級に受かります、と言っていたので、ウチの子はそれを実践して家庭の暗記のみで英検３級（中学卒業程度）まで合格したのよ』と言っていたので、さっそく単語の暗記をやったところ、なんと**３週間で英検３級に合格**しました。ありがとうございます」

などたくさんのうれしいお便りをいただきます。

2020年に大きく変わる小学校英語なのに、4年間で中学1年分の600語だけではもったいない。

私の教室には、**小2で4000語暗記したツワモノ**もいます！　しかも**暗記は苦手な子**がです。

第4章で「1日たった5分のらくらく単語暗記法」を、第5章で「絵本の超・音読法」をじっくり紹介します。ぜひ、家庭で楽しみながら進めましょう。

「英検3級・準2級」にも英作文導入！英語4技能がますます注目される

子どもにも親にも海外在住の日本人にも大人気の「英検」ですが、**2017年度の一次試験（6月）から3級と準2級で英作文の問題が新たに導入**されます。志願者数の多いこの2つの級の試験制度変更は、大きな影響を与えそうです。

グローバル化の波を受け、ここにも英語4技能「読む、聞く、話す、書く」が重視される傾向がうかがえます。この傾向はもう避けて通れません。

私は、教室でもＳＩＪでも、英作文をしつこいほどやってきました。生徒たちには、**小学低学年でも高校生でも、必ず週に1本英作文を書いて暗唱**してもらうので、気づいたときには、**1年間で約50の英語エッセイを暗記**しているわけです。

その結果、**小学生のクラスでも、英検準1級（大学中級程度）の学習**をしています。これは、英検を意識したレッスンではなく、**単語の暗記と英作文を強化しているだけ**のことです。

書くためには、「読む」も必要です。体験談もない、具体例もない、リサーチもしていない文章は誰の関心も引きません。**しっかり読んで、きちんと書く。これが、〝２０２０年英語改革〟**。今後、英検の問題も、大学入試問題も必ず英語4技能を問う形になります。

この本は、英検やＴＯＥＦＬ®テスト（以下、ＴＯＥＦＬ：Test of English as a Foreign Language 英語が母語ではない人を対象にした国際基準の英語能力試験）などの語学資格試験、将来の大学入試問題にもバッチリ対応しているのです。

英語の「読み・書き」は何歳からやるべき？
——ハーバード生200名リサーチの衝撃

私は常々**「子どもは未来人」**だと考えてきました。

未来からやってきた子どもたちから見たら、いまの世界は「自分たち未来人のまったく知らない、遅れた文明の世界」です。

子どもたちの住む未来は、コミュニケーションに文字は不要で、気象も正確に予測でき、宇宙に家が建っているかもしれないのです。

いまの地球の仕組みを知らない彼らは、早くこの遅れた文明の世界を解読したい、そうでなければ何も楽しめない、と思っているのです。

いまの私たちの文明レベルを子どもたちに理解してもらうには、文字・数式・芸術・コンピュータなど、現代の私たち大人が使っているあらゆる「記号」を根気よく説明し、子どもたちが全身全霊で森羅万象を楽しめるようにすべきです。

文字の早期導入は、子どものイマジネーションの発達を阻害するという意見がありますが、むしろ**文字の導入でさらにイマジネーションがふくらむ**と私は信じています。

すみれも、2歳で日本語の本だけでなく英語の本も読んでいました。

ひらがなの絵本には、私が漢字に書き換えた紙を貼りつけました。

ひらがなだらけのほうが、むしろ読みにくいからです（意図的にひらがなだけの詩は別です）。

私に『ぐりとぐら』（福音館書店）や「こぐまちゃんシリーズ」（こぐま社）、英語では「Maisy」シリーズ（Walker Books）や〝The Very Hungry Caterpillar（はらぺこあおむし）〟（Philomel Books）、〝Goodnight Moon（おやすみなさいおつきさま）〟（Two Hoots）を楽しそうに読んでくれる2歳の娘の姿をいまでも思い出します。

今回実施したハーバード生の200名リサーチでも、文字の導入はとても早かったのです。

特に多かったのは、**2〜3歳ですでに絵本**を読んでいた。しかも、すみれ同様、読み聞かせだけではなく、**子ども本人が親に絵本を読み聞かせしていた**こともわかっています。

また、全員が**読書の大切さ**を語っています。

ですから、英語の「読む」は何歳からでも、家庭の条件が整ったときにすぐに実行しましょう。

「書く」は筆圧が弱い子どもには時間だけがかかって苦痛なので、小学校入学以降でいいのです。

いまはスマホが発達していますから、**音読や暗唱を録音してあげると、多少の緊張感でステージ本番のような雰囲気が出る**のでお勧めです。

子どもの可能性を潰しているのは大人の偏見

英語は難しいものと妙にかまえているのか、日本では英文を読ませるのはたいてい中学1年になってからです。

これは諸外国の中でも相当遅い。

かわいそうに、12歳までの児童は幼稚な存在と思われているので、果物や動物の絵を見ながら単語の発音をするだけです。「エレファント」とか「アポー」とか、もうひどい扱いです。

たとえば、コップに入った水の絵を見せて、「ウォーター」と言わせることはあっても、

〝Can I have a glass of water?〟（お水をいっぱいください）

〝Sure. Here you are.〟（はい、どうぞ）

程度の文章さえも読ませることはしません。

「子どもには文字は難しすぎる」「わかるはずがない」といった大人の偏見が、子どもの文字への好奇心を阻害しているのは不思議なことです。

家庭で文字をどんどん読ませましょう。

子どもの可能性は無限大です。

英語〝ペラペラ信仰〟はもう捨てよう

なぜ、日本人は英語がペラペラになることにあこがれ続けているのに、一度もその

レベルに到達しないのでしょうか。

日本だけでなくドイツでも活躍する多和田葉子さんの著書『エクソフォニー――母語の外へ出る旅』（岩波書店）から抜粋してみます。

日本人が外国語と接する時には特にその言語を自分にとってどういう意味を持つものにしていきたいのかを考えないで勉強していることが多いように思う。すると、上手い、下手だけが問題になってしまう。（略）誰が上手で誰が下手かということが確実に言えるということは、それを決定する権威が自分たちではなく、どこか「外部の上の方」にあるということである。その権威は日本で抽象化された「西洋人」の偶像であり、その権威が、自分の言葉が「上手」かどうかを決めてくれる、という発想である。

日本人があこがれる「英語ペラペラ」は、「西洋人そのもの」になった自分の英語です。

それは「まったくの幻想」で、不可能な目標設定なのです。

英語ペラペラの条件は、英語圏の西洋人であるだけでは無理です。

内気でオタク的な西洋人はペラペラしゃべらないからです。そうなると、

- コミュ力があり、
- 社交的オープンマインドで、
- あらゆる話題に長《た》けていて、
- 人の意見を上手に聞けて、
- そつなく自分もアピールできて、
- 会話を途切れさせない話術の持ち主で、

と続きます。

これがいわゆる「英語ペラペラ」人間の正体です。

そんな池上彰さんのような人が、西洋人になって英語をペラペラしゃべっている「どこにもいない」人間を目標に設定しているがゆえに、「英語ペラペラ」には一生なれないわけです。

また、日本語ペラペラで日本語ネイティブの全国すべての高校生が、東大入試の国語の問題が解けるわけではないという当たり前の現実があるにもかかわらず、英語になると、話せて聞ければ、難解な読み書きもスラスラできるという大いなる誤解が存在しています。

日常会話は英語ペラペラでも、すべてのネイティブが難しい本を読んだり、すごいプレゼンができたり、トップ校に入れるわけではありません。

そこには、ペラペラとは別の能力が、要求されるわけです。

日本人は一刻も早く「英語ペラペラ信仰」から脱却する必要があります。問題はペラペラではなく、話す中身なのですから。

いまこそ、親子一緒に家庭で英語の時代

このように、**日本のどこにも「12歳以下の子どもたちのための本格的な英語メソッド」は存在しません**。

文法中心の中学英語を下に下げて使う、それしかないのが現状です。

2020年から始まる文部科学省肝煎りの英語改革ではありますが、教える先生側の問題もあって、すぐに「はい、スタート」と円滑に実施できるとは到底思えません。

教育現場が混乱したとき、**最も被害を受けるのは子どもたち**です。

せっかく世界に通用する英語が身につくメソッドがあるのですから、これを活かさないともったいないというもの。最初だけでも、家庭で親がサポートしてあげるのが筋というものです。

たとえ親が英語嫌いだとしても、この本のとおりやれば、必ず本物の英語力がつきますから、親が家庭で子どもたちの最初の先生になることです。

親が英語嫌いだったり、苦手だったことと、子どもが得意か苦手かは関係ありません。

子どもの可能性をどうか信じてあげてください。

いまから、学校ではなく家庭で英語学習を始めるのです。

同時に、いまからやっておけば、子どもに学習習慣がつきます。

ときどき、教室の体験レッスンにこられる保護者が、「先生、宿題はありますか？単語は家でやるのですか？」と真顔で聞いてくることがあります。

語学は学校と塾だけでは決して身につきません。

継続的に英語４技能を使っていかなければ、すぐに忘れてしまいます。

未来をつくる資質と能力としての**「一流の英語力」は、家族みんなで習得するのが最善の策**なのです。

CHAPTER 2

常識破りの英語で子育て完全マニュアル

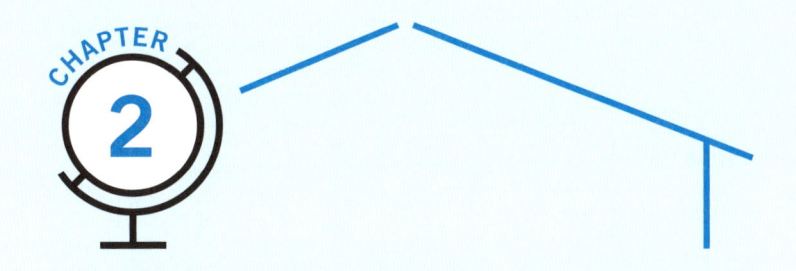

家族仲よく、抱きしめ、ハートに火をつける

ここからは、「常識破りの英語で子育て完全マニュアル」を初めて公開しましょう。

世界は環境問題、自然災害、紛争など、さまざまな問題でいっぱいです。

家庭でも、わが子の発育、進学、変わる英語、入試と問題山積です。

でも、よく考えてみてください。

宇宙から地球を見ると、地球は常に安定した惑星です。青く美しい水の惑星は、悪いことが山積しているようにはとても見えません。

このように、**何があっても動じない、落ち着いた平常心と大きな気持ち**でわが子を見ていきましょう。

わが子は、近くで見ると問題山積のようですが、一歩引いて冷静に見ると、地球のように安定したひとりの立派な人間に見えてきます。

焦ったり、あわてたりせずに、保護者の方々は、余裕の心で子育てを楽しんでください。

そして、あとは子どもたち自身に未来をゆだねましょう。

あなたのお子さんは、あなたが地球からいなくなったあとも、未来の責任をその小さな背中に載せて生きていくのです。

未来を担う子どもに感謝することはあっても、勉強や生活態度程度のことで腹を立てても仕方ありません。家庭で問題が起きれば、必ず子どもに影響する——私自身も反省を含めて述べますが、まず、**親自身が自分を見つめ直すこと、家族全員が仲よくする**ことが何よりも大切なのです。

この他に大事なことは次のことです。

毎日抱きしめる、「好き」と言う、ほめる

ボディタッチを増やす。頭をなでる。抱きしめる。目をじっと見て話す。毎日「好き」と言う。いいところを見つけて毎日ほめる。

子どものハートに火をつける

好きなことは「やめなさい」と言われてもやめません。自立した学習とは、子どもが勝手に「やる気スイッチ」を押すことです。32ページで触れた自然が大好きなハーバードのジェフがそうでした。

そのために、好きなことや、自分にしかできないことを見つけるサポートをしてあげましょう。

短期目標と長期目標がなぜ大切か

家庭では、お子さんが人生に**大きな目標（長期）と小さな目標（短期）の2つの視点**を持てるようサポートしましょう。

大きな目標は、「自分が幸せになること。まわりを幸せにすること」。それにはとても長い時間がかかります。

他人を尊重する。社会に役立つことを継続して行う。夢中になれるものを2つ持つ

など、大人になってからでも続けていくことを早めにやっておきます。

小さな目標は、「学校の作文コンクールに入賞する」「マラソン大会で最後までがんばる」「ピアノの全国大会のステージに立つ」「中学卒業までに『世界の医療格差』について調べて論文を書く」「SIJでハーバード生にハーバード合格の秘訣を5つ聞く」など、比較的短期間に結果が出せるものです。

そうやって、**いつも2つの視点**を持って暮らしていくと、「今日も宿題がいっぱいだ」「練習イヤだな」「これは明日やればいいや」「あの子嫌いだから無視しよう」などの考えが吹き飛んでいきます。だって、**前向きな人にだけ、明るい未来がやってくる**のですから。

そのようにお子さんに言い聞かせましょう。

文法をやってはいけない理由

「お母さん、文法って何?」

これは、小6のときに私の教室で英語を始め、**わずか8か月で英検3級**（中学卒業程度）に合格したGくん（現中1）が、家でお母さんに言った衝撃的なセリフです。中学の授業で初めて「文法」という言葉を聞き、何のことかとお母さんに真剣に聞いたとか。

それくらい、私は教室で**一切文法を教えません**。

なぜなら、必要がないから。**むしろ邪魔になる**からです。

私のメソッドの不動の大原則、それは「**暗記**」です。

もちろん、家庭でのレッスンでもそれは変わりません。単語も英文も問題集の答えも、**ひたすら大量に暗記**するのです。

単語を知らなければ、英文が読めないので大量に暗記します。

英文は、**文法や構文を考えずに丸暗記**します。

そのときに大事なのが、のちほど詳しく触れる「**音読**」です。

ドリルなどで出てくる穴埋め問題も、答えを見て丸暗記します。

学校の授業では、英語の文章を1文読むたびに「これはｂｅ動詞だからどうだ」とか、「これは何々にかかる関係代名詞だからこうだ」と、文章を文法で〝分解〟して、その構造を説明します。

でも、それは「テストで○×がつけやすい」という大人側の都合でしかありません。**やさしいことを難しく考えるよりも、とにかくたくさんの英語を頭の中にインプット**する。

これが英語を身につける基本中の基本です。

英文を大量に暗記すれば、そこで使われている文法や構文は一緒に頭に入ってきます。

それが文法だと知らずに、自然に覚えられるのです。

文法がどうしてもやりたかったら、大きくなってから考えればいい。そう割り切ってみてください。

和訳も英語力の邪魔になる

和訳も不要です。むしろ英語習得の邪魔になります。

学校の英語の授業は、やたらと英文を日本語に訳させます。しかも、文法というガチガチのルールにはめ込んだ形で訳すことを「よし」としています。

でも、**これは大きな間違い**。

これでは英文を読んでも、その英文を〝日本語で理解する〟というやっかいなクセがついてしまいます。

ですから文法に沿った和訳はしません。単語の意味さえわかれば、文章の意味合いはざっくりわかります。

英文は、とにかくざっくり意味がわかればOKです。

それよりも量です。大量の英文を読みましょう。

その際、中身のある英文で自分の興味関心をそそられるものを読むと、どんどん読めます。

社会の一員として、問題を常に意識できるように、いま世界で何が起きているかを気にかけ、多様性、環境問題、地政学、教育、文化などをテーマにする文章を読むと、子どもながらに世界を俯瞰《ふかん》できます。

精読（細かく読む、熟読）したいときは、ぜひ読書タイムに。じっくりと文章を味わいながら本を楽しみましょう。この本では、基本的に、大量の英文をざっくり読んで、内容を把握していく〝奇跡の勉強法〟を紹介していきます。

教えない、テストしない、復習しない

家庭で英語学習というと、「自分では教えられない」と尻込みする親御さんがたくさんいます。

でも大丈夫！　なぜなら**私のメソッドは「教えない」**からです。

理由も簡単です。このメソッドの基本は**「暗記」と「多読」**なので、親が「教え

る」ことは何もありません。そもそも大多数の親御さんが〝従来の学校英語育ち〟ですから、その方法で**教えることはむしろマイナス**になります。

テストで実力を試し、間違えたところはすぐに復習するのが勉強の常識とされています。

でも、**私のメソッドはまるで逆**です。

そもそもテストは必要なし！　暗記できたかのチェックはしても、間違いを探すテストは一切しません。

覚えていない単語や英文があっても、そこで毎回止まったり、あと戻りしたりしていては、なかなか先に進めません。

できなくても、間違えても、とにかく先へ。どんどん進んでいくことで**達成感を覚え、自信を持つことを重視**します。

短時間集中で小さな達成感を味わう

「レッスンは長いほど効果的」というのも**大きな間違い**です。

いまは、いかに**生産性**（時間あたりの成果）を高めるかが大切です。

特に小さいうちは飽きやすく、長いレッスンだと集中力も低下して逆効果。ダラダラと無理に続けて飽きたり、英語が嫌いになったりするほうが大問題なのです。

私のメソッドは、その間に行う課題はすべて**3〜7分**程度。

「ひとつ終えたら、ハイ、次」——このテンポとスピード感を重視して、**1回75分のレッスンで7〜8つの課題**を終えるようにしています。

課題を小分けにして短期目標の数を増やすことで、1回のレッスンで**何回も小さな達成感**を味わうことができます。

この達成感の積み重ねが、子どもの自信とモチベーションに〝効いて〟くるのです。

これらの極意は、いずれも学校で受けている英語の授業とは逆行するものばかり。読者の中には、呆気《あっけ》にとられる方もいるかと思いますが、このくらいおもいきった勉強法の転換をしなければ、子どもたちはいつまでも使える英語を身につけられません。

英語学習を学校や塾に〝丸投げ〟する時代は完全に終わりました。

これからの時代、英語を身につけるためのカギになるのは**家庭学習**です。

なぜなら、こんな常識破りのメソッドを実践できるのは、家庭以外にないからです。

すみれは、家庭学習の思い出をこう話しています。

「家庭学習の思い出の中で印象に残っているのは、**面接練習**です。

4歳になったばかりで英検3級に合格した際に周囲に驚かれたひとつの理由は、英語の面接をパスしたことでした。

しかし、私にとって英語の面接練習は楽しくてしょうがないものでした。

たとえば、最初に部屋の奥からドアをたたくふりをして〝May I come in?〟の練習をしたり、実際に歩いて椅子の着席の仕方を習ったり、面接カードに見立てた紙を実際に受け渡したり、楽しく体を使ってシミュレーションをすることで、完全にプロセスを体に染み込ませていたんだなあ、といまになって思います」

子どものモチベーションがアップする3つの家庭環境

お子さんの英語学習の中心を学校から家庭にシフトする場合、親はいったい何をすべきか、親の役割に困惑する方も多いでしょう。そんな方にはこう言いたい。**親が英語を教えず、サポートをする**のが、この家庭学習メソッドの肝です。

では、家庭学習のサポートとは、いったい何をすればいいのか。

答えは**「子どものやる気を引き出す」**——それに尽きます。

遊びたい盛りで、ともすれば飽きっぽい子どもから「よし、勉強しよう」「もっと単語を暗記したい」「英文を読むのが楽しい」という学びの意欲やモチベーションをいかに引き出すか。そのための「家庭環境」をつくることです。

英語を身につけるための学習環境づくりのポイントは次の3つです。

- **続けられる環境をつくる**
- **会話をする環境をつくる**
- **安心できる環境をつくる**

それぞれ説明しましょう。

「牛乳パックの裏活用」でお風呂が楽しい音読空間に

どんなにすぐれたメソッドであっても、英語は一朝一夕では習得できません。月並みですが、大事なのは**「続けること」**です。

しかし、言うは易《やす》く行うは難《かた》し。特に保育園児・幼稚園児や小学生はまだまだ遊びたい盛りです。

「ウチの子は飽きっぽくて、すぐに投げ出してしまう」

「すぐ飛びつくけれど、すぐ別のことに気が移る」

――そんな悩みを抱える親御さんも多いでしょう。

でも子どもは、「何でもかんでもすぐに飽きる」わけではありません。

たとえば、テレビゲームをしている子どもを見てください。放っておくと、ずっと遊んでいませんか。

「やめなさい」と言われてもまだやめない。飽きるどころか時間を忘れて熱中している。

つまり、子ども自身が楽しい、面白いと思えることなら、すぐに習慣になり、何時間でも何日でも続けられるのです。

ならば、英語の勉強が子どもたちにとって楽しい習慣だと感じられるようにすればいい。

そのための工夫や環境づくりこそ、家庭学習で求められる親御さんの大きな役割のひとつなのです。

私の教室の生徒の家庭でも、いろいろな工夫を凝らしているお母さんがたくさんいます。たとえば……

- 防水加工の**牛乳パックの裏に課題を書き写して、お風呂の時間に親子一緒に音読**

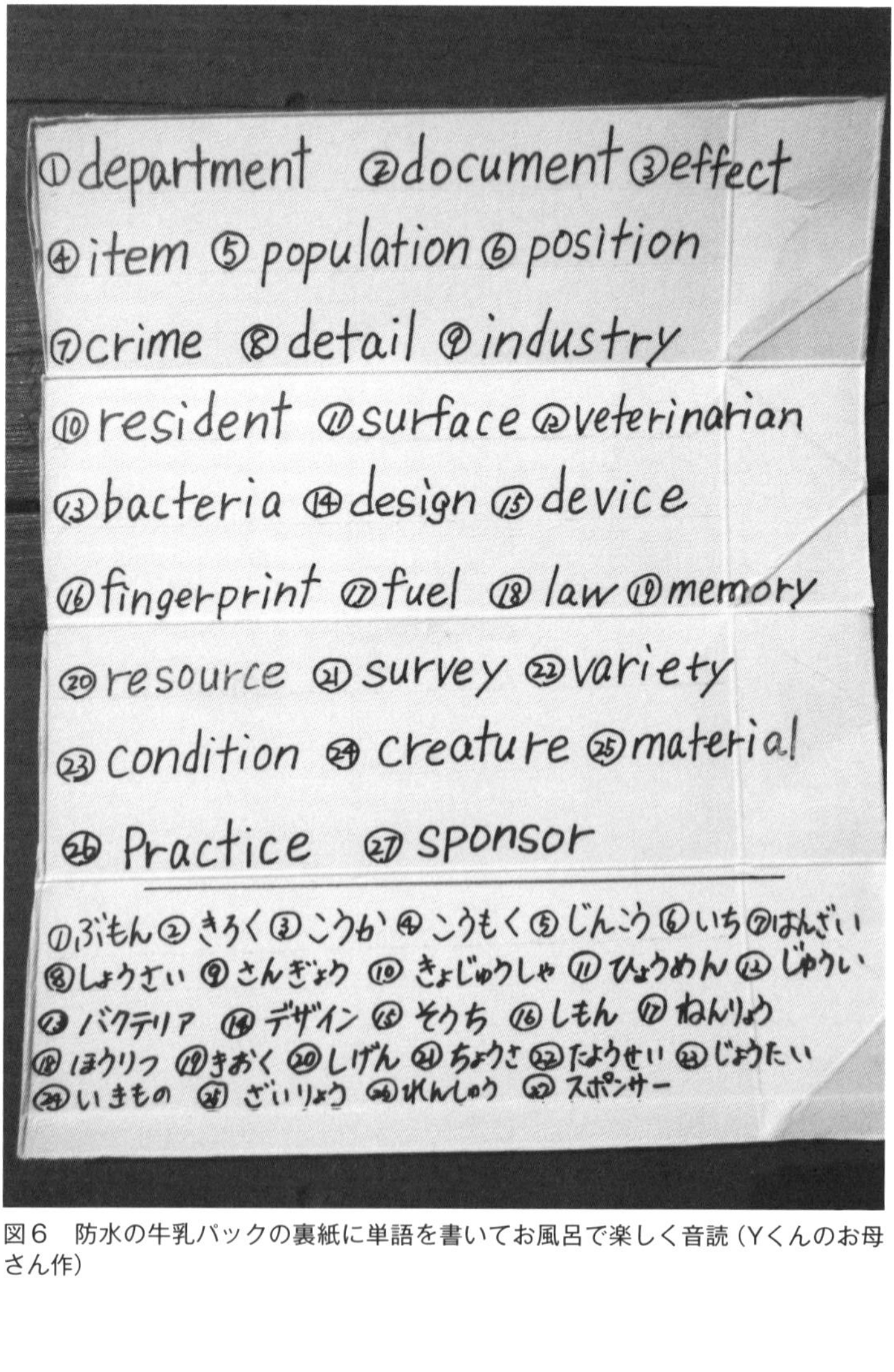

図6　防水の牛乳パックの裏紙に単語を書いてお風呂で楽しく音読（Yくんのお母さん作）

（図6）

・教材をすぐ手に取れるよう、**勉強部屋にマグネットボード**を設置

・読みやすいよう、大きな紙に課題を拡大して書いた手づくり教材を使う（図7）

それぞれのアイデアで、お子さんに「楽しい」「やりたい」と思わせる工夫をされています。

共通しているのは、**どの親御さんもご自身が楽しみながらやっている**ということ。

それだからこそ、お子さんも「英語は楽しい」と確信するのです。

そうした家庭のお子さんは着実に英語ができるようになっていきます。

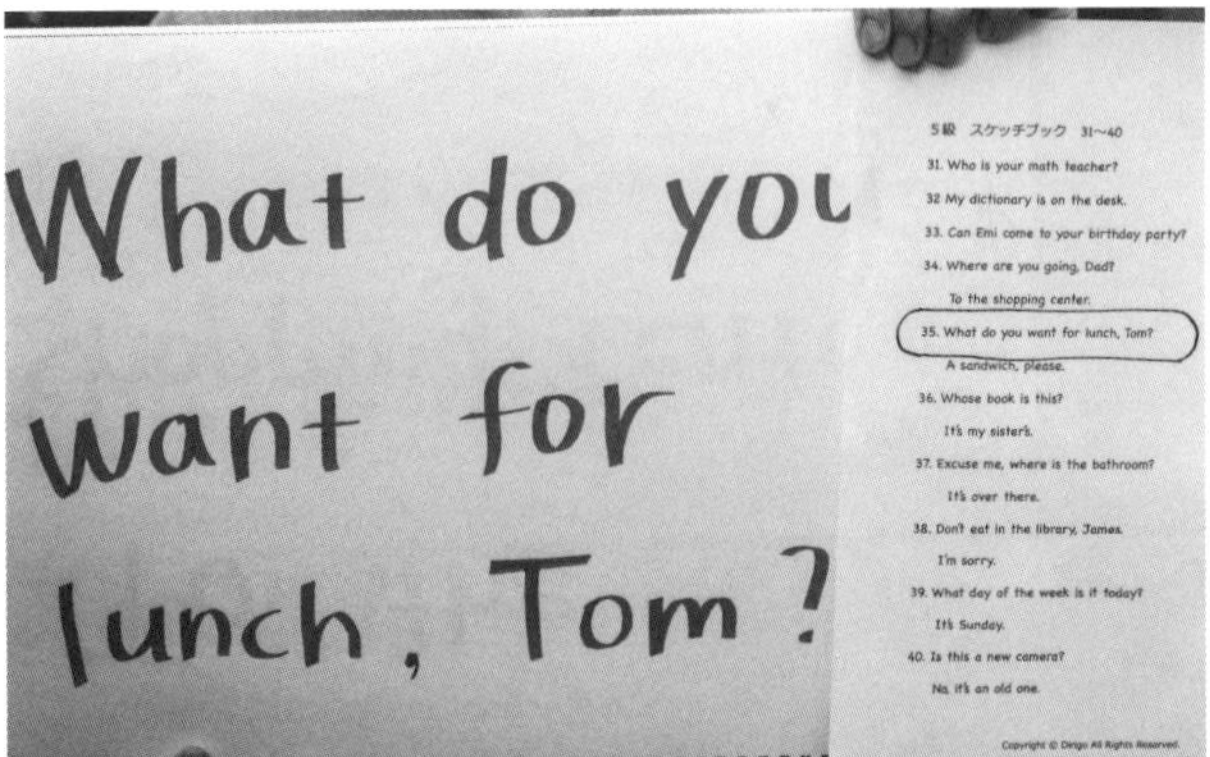

図7　小さい文字は読みにくいので、100円ショップでスケッチブックを購入して手書きで拡大。質問は赤ペン、答えは黒ペンと分けて書くと覚えやすい

付せんを使った〝プチ達成感〟が大きなエネルギー

これから紹介する単語の暗記や英語絵本の暗唱をするときには、**「付せん」**を活用します。

カラフルな付せんを使って、単語帳の暗記範囲の最初と最後のページに貼り、終わったら「ここまでクリアね」とバッとはがす。

来週の範囲に付せんを貼り替えて、付せんの上方に見えるように今日の日付をメモする。**これだけでも達成感は味わえる**のです。

「ああ、すっきり！」「全部やり終えた！」という**〝プチ達成感〟**は継続する力を身につけるきっかけになります。

さらに、この**プチ達成感こそ、子どもに「楽しい」と思わせる、やる気にさせる大きなエネルギー**になるのです。

絵本も同様に、**来週読んでくる範囲の最初と最後のページに付せん**を貼ります。

こういう儀式めいた約束事は、タスクごとにメリハリをつけるのにピッタリです。

10分だけ集中！ “飽きる1分前”にやめるのがコツ

本書で紹介するレッスンやワークを家庭でやるときは、ダラダラやらずに短時間でテンポよく、1日10分だけ集中し、**10分やったらスパッとおしまい**にします。

子どもの調子によってきつそうなら、**5分で切り上げても全然かまいません。**

飽きて投げ出してから終わるのではなく“**飽きる1分前**”に切り上げましょう。

その1分前をお母さんは感じ取ってください。

飽きる1分前がなかなかつかめないという親御さんは、次の子どもの態度に注目します。

手遊び、あくび、キョロキョロ、頭を何度もかく、足をブラブラなど、ストレスを体で表現し始めるまさにその瞬間が“飽きる1分前”です。

小4で英検2級、中1で英検3級に合格した子の共通点

中1で英検3級に合格したGくんや、**小4で英検2級**に合格したTくんなど、グングン英語が上達する子どもたちには**「ある共通点」**があることがわかりました。

それは、**「家庭に会話があふれている」**ことです。

Gくんのお母さんもTくんのお母さんも、「私から聞かなくても、学校であったことを自分から話してくる」と口をそろえます。

3000人の生徒を見てきた私の実感も同じで、英語ができる子、上達が早い子は、**みんなおしゃべりで、人と話すことが大好き**なのです。

日本語で話好きな子は、英語でもたくさんおしゃべりしたいと思っています。

英語を習得するとは、そのための「道具」を手に入れること。「伝えたい気持ち」

の強さが、英語を学ぶ大きなモチベーションになるため、コミュニケーション（＝おしゃべり）好きな人ほど上達が早いのです。

何も、家庭での会話を英語にする必要はありません。**日本語でいい**のです。学校で起きた出来事、友達のこと、テレビの感想、好きな食べもののことなど何でもかまいません。コツはただひとつ、**子どもを１００％肯定する、全身で受けとめる**こと。

「あなたを全身で受けとめています」と示す方法は次の５つです。

①笑顔で接する、②聞き上手になる、③一方的に非難したり、会話を遮《さえぎ》ったりしない、④感情的にならないように自分の顔つきや態度を抑制する、そして何よりも大事なのは、⑤**子どもを肯定する前に親が自分自身を１００％肯定する**こと。

そうすれば、子どもは１００％心を開いて、親にどんどん話しかけてきます。

英語力アップの土台をつくるうえで、家族でおしゃべりする時間が本当に大切です。

親子で交わす毎日の会話で徐々に語彙を積み重ねると、膨大な単語帳ができるのです。

子どもがやる気になる〝魔法のアクション〟

子どものやる気を引き出し、「次もがんばる」と思わせ、「自分もできる」という自信を持たせる。それを可能にする **〝魔法のアクション〟** があります。

それは **「ほめる」** こと。

子どもはママとパパが大好き。大好きなママやパパに「すごいね」「よくできたね」とほめてもらうことが何よりの喜びなのです。

「ちゃんとおもちゃを片づけられたね」

「毎日歯磨きを忘れなくて、えらいね」

どんなに些細なことでも、親からほめられ、認められると、それは子どもにとって「自分はできた」という成功体験になります。

小さな成功体験が積み重なっていくと、「自分はできる。もっとできるはず」という自信が芽生えます。

自信が深まれば、もっとやる気が湧いてくる。ほめられるという成功体験でやる気スイッチがオンになり、子どもはどんどん成長していくのです。

1日20個の単語を覚える目標で8個しか覚えられなくても、「8個も覚えられたなんてすごいじゃない！」とほめるのと、「まだ12個も残っているじゃない！」とマイナス面を指摘してしまうのと、どちらが心に響くでしょうか？

子どもの心に「できなかった」という意識が残ってやる気をしぼませては元も子もありません。

ほめられれば、8個は成功体験になります。すると、8個が10個になり、15個になり、やがて600個覚えられるようになるでしょう。

ママにほめてもらいたい。「すごい」と言われたい。ママに見てほしい。小さな子どもにとって、こうした思いは強大なやる気の源になるのです。

だから親は子どもをほめる。できたことを見つけて、とことんほめてあげましょう。

ほめて育てると、子どもが調子に乗るなどマイナス面を強調する人もいますが、気にしません。親として自分の感覚に自信を持ってください。

100%子どもを肯定してみてください。すると、親の心も洗われます。

あと、これは私の長年のカンとしか言いようがないのですが、**男の子は特にほめる**

と伸びます。

特にほめるところが見つからないときでも、身も心も子どもに向けて話を聞いてあげましょう。笑顔でニッコリ聞き上手なママであること自体が、体全体でその子をほめていることになりますよ。

英語力をグンと伸ばすのは、親の無償の愛

ある生徒のお母さんの言葉に胸を打たれました。

「親が子どもと一緒にすごせる期間は長くはありません。
だから子どもと学びを共有する時間はすごく大切なのです。
息子のそばで一緒に学び、その成長や上達を一緒に喜ぶ。
そんな時間を、私も楽しみたいと思っています」

子どもは時とともに成長し、自立し、大人になっていきます。

親にとってこれはとてもうれしい反面、どこかさびしいことでもあります。

ママやパパが無条件で大好きで、ほめられたら素直に喜んで、認められたらうれしくて、ひとつできたら誇らしげに教えにくる。そんな子ども時代は短く、すぎ去ってしまえば2度と戻ってきません。

だからこそ、一緒にいられるときはありったけの愛情を注ぎ、がんばりを応援し、あたたかく見守ってあげてください。

親の無償の愛を子どもが最も感じるのは、やはり親と一緒にいるとき。

そばにいて、一緒に笑ったり、喜んだり、遊んだり、学んだり……。それは子どもにとって、ママを「ひとり占め」できる一番幸せな時間なのです。

だから、家で英語を勉強するときは、親もそばに寄り添って学んでください。

大好きなママが一緒だから勉強も楽しくなる。一緒で楽しいから、毎日やりたくなる――**絶対的な愛情を注いでくれる親の存在そのものが、子どものやる気を伸ばす最大のモチベーション**なのです。

ハーバード生は世界に通用するロールモデル

私は、２０１３年からハーバード大学の優秀な学生を講師として日本に招いて、子どもたちに英語を教えるサマーキャンプ「サマー・イン・ジャパン（ＳＩＪ）」を、地元の大分市で毎年開催しています。

そこで行われる集中的な英語学習やワークショップにより、世界に通用する一流の英語力や自己表現力、異文化理解などが身につくと好評です。

期間中は英語習得セミナーだけでなく、地元の学校とコラボした国際交流やイベント、ハーバード生の企画・演出・演奏によるコンサート、地元のよさをハーバード生や留学生に伝えるおもてなしなどが開催されます。実に、**毎年全イベントを合わせると約８００名**が参加するようになりました。

この人気の背景には、英語習得セミナーの質の高さもさることながら、**現役ハーバード生**の存在が何よりも大きい。

単に英語を教える講師としてだけではなく、現役ハーバード生が**「世界に通用するロールモデル」**になっていて、それが会場の子どもたちや親御さんに大きな刺激になっているのです。

「新学習指導要領」3つのポイント

「SIJ2017」のボランティア講師に応募してきたハーバード生の中から厳選した22名に、家庭学習について直接聞き取り調査を行いました。

その結果、家庭の特徴は大きく分けて3つありました。

- 何にでも挑戦させてくれたうえに、「失敗してもOK」と明るく育ててくれたので、得意分野ができた
- 決して上から押しつけず、楽しくモチベーションが上がる工夫がされていたので、成績も習い事もうまくいった
- オープンマインドで寛容に育ったので、誰とでも仲よくできる

そんな環境で育つと、どんな子どもになるのでしょうか。

英語に、**well-rounded**（多芸多才で明るい子ども）という表現があり、アイビー・リーグ（アメリカ北東部にある名門私立大8校……ブラウン大、コロンビア大、コーネル大、ダートマス大、ハーバード大、ペンシルベニア大、プリンストン大、イェール大）の入試でも、学力テストだけではなく、あらゆることが求められます。

勉強は全科目優秀、スポーツも楽器もこなし、何らかのコミュニティリーダーを務め、ボランティア精神旺盛、他人にやさしく社交的、そのうえ「超」のつく得意科目があり、大学に入ったら4年間、仲間としっかり大学の名誉のために力を発揮してくれる、そんな学生を大学側が求めています。

日本の新学習指導要領も、well-rounded、つまり、何でもできて明るい子どもを育て、社会で活躍してもらうようにつくられました。学力テストは、ネットの発達した21世紀では単なる「一芸」にすぎません。

新学習指導要領の3つのポイントはこちらです。

グローバル人材の育成

現在、学校で学ぶ児童・生徒が社会で活躍する2050年頃は、多文化・多言語・

多民族、協調と競争を基本とするグローバル環境になっています。そして、キラリと得意分野が輝く人材は、オープンマインドな家庭で育まれます。

2　アジアでトップクラスの英語力

英語を使って幅広い話題について発表・討論・交渉等ができる人材が求められています。まずは、家庭でおしゃべりに花を咲かせましょう。

3　日本人としてのアイデンティティの育成

母語の学習も充実させて、日本人としてのアイデンティティを育成しながら、わが国の歴史・伝統文化等を継承し、かつ世界に発信できる世代を育てる。**国語力アップは仲よし家庭から**生まれます。

どうでしょうか。だからこそ、**家庭学習が大切**なのです。

ハーバード生は外国語をどう学んだのか

「ＳＩＪ２０１６」（２０１６年夏に大分市で2週間開催）の講師役に応募してくれた１００名のハーバード生から、２〜７か国語を習得している学生60名に下記のアンケートを行いました。

質問：「自分の国にいながら外国語を学ぶベストな方法は何ですか？」

「文法を含む短文をひたすら読んで暗記する」「よい先生に出会う」「目標を設定する」と答えた2名を除くほぼ全員が、**外国語の文化やエンタメにどっぷりハマる**こと（cultural immersion）と回答しています。

音楽、歌、本、絵本、映画、ビデオゲーム、テレビ、ラジオ、ニュース、芸術、政治、マルチメディア、ポップカルチャーなど、自分の好きなものに夢中になることで外国語が身につく、それが17～22歳のバイリンガル以上の語学力を持つトップ大学の若者の答えです。

さらに上達するには、**話すときに間違いを恐れない、間違いを指摘するような環境をつくらない、いちいちテストしない、オープンマインドになる、社交的になる、好きなカルチャーについて友人と外国語で語り合う、外国語コミュニティをつくって会話の練習をする、アプリを利用する、教科書以外の本を多読する、朗読する、語彙を増やす、資格試験を受ける、そして究極的には、日記をつける、短編動画をつくる、小説や詩を書く、ゲームをつくる、アートをつくる**といったアウトプットにまで発展しています。

これぞまさに、私がSIJで実践している、英語「を」学ぶのではなく、**英語「で」学ぶ**の実生活版です。

そのためには、**①英語で文化力を身につける好奇心とオープンマインド、②語彙力を増やす地道な努力と土台となる国語力、③子どもの好きを支える家庭の文化資本、**この3つがとても大切です。

そこで本書では、ＳＩＪに講師として参加した**ハーバード生が独自につくったお話、単語リスト、英会話、英作文ドリルを**〝**プレミアム特典**〟として巻末に掲載しています。ぜひ楽しみにしてください。

ハーバード卒のすみれが推薦！ 本当に使える「らくらく英語ミニ絵本」ベスト5

ここで、「本当に使える『らくらく英語ミニ絵本』ベスト5」をすみれに紹介してもらいましょう。比較的簡単なものからレベル1〜3で表記しています。

BEST 1

〝If You Give a Mouse a Cookie〟(HarperCollins)
『もしもねずみにクッキーをあげると』（レベル3）

とにかく**絵が秀逸な私の一番のお気に入りの絵本！**

最初に読んだのは3歳頃でしたが、シーンひとつひとつを覚えています。

色あざやかで細かいタッチの絵、主人公のねずみの表情がイキイキしていて、くり返し読んでしまう一冊でした。

きちんとした文章で成り立っているので、**新しい単語だけでなく文章の構成まで自然と身についてしまうお得な絵本**です。同シリーズの〝If You Give a Pig a Pancake〟（『もしもこぶたにホットケーキをあげると』）もかわいくてお勧めです！

BEST 2

〝Goodnight Moon〟(Two Hoots)『おやすみなさいおつきさま』（レベル1）

夜、寝るときに親子で読む本第1位。〝Goodnight Moon〟は暖色の絵がとてもきれいで、寝る前にピッタリ。絵のいたるところに仕掛けがあり、たとえば、〝a young mouse〟という文章が出てくる際には絵の隅っこに小さなねずみが描かれていたり、壁にかかっている絵に秘密が隠されていたり。**何度読んでも宝探し感覚で新たな発見**があり、簡単な単語を覚えられると同時に、**絵と文章をいつまでも楽しめる必読の一冊**です。

どんなに寝たくない夜でも、ベッドに入るのが待ちきれなくなった一冊でした。

BEST 3

"Curious George Goes to a Chocolate Factory" (HMH Books for Young Readers)
『おさるのジョージチョコレートこうじょうへいく』(レベル3)

言わずと知れた「おさるのジョージ」シリーズ。**私の一押しは「チョコレートこうじょうへいく」**の巻。子どもはまず何より絵に魅《ひ》かれるので、小さなチョコの粒がベルトコンベヤーを流れていく絵や、チョコひとつずつを解説した絵などは**ときめきの宝庫**でした。ジョージが必ずやっかいごとを起こすストーリー展開もシンプルすぎず、子どもの注目を集めるのに十分な流れです。**私は小学低学年でこの本を訳し、夏の自由研究として提出**しました。巻末〝プレミアム特典〟の15ページに自由研究の一部を収録しましたのでご覧ください。

BEST 4

"The Rainbow Fish" (NorthSouth)
『にじいろのさかな』(レベル2)

この本も、小学生のときに訳して自由研究として提出したのですが、私は訳した記憶よりも、一緒に提出するための水槽を紙箱

や厚紙を利用してワクワクしながらつくった思い出のほうが強く残っています。

主人公の「にじいろのさかな」の他にたくさんの魚たちが登場するため、そのひとつひとつを紙でつくって、紙の箱の天井からつるしたり、石や貝殻を拾ってきて散りばめたりしながら、文章構成と海についての単語を少しずつ覚えていきました。

BEST 5 “The Very Hungry Caterpillar”（Philomel Books）『はらぺこあおむし』（レベル1）

日本語版も有名な鉄板の一冊。登場するカラフルな食べもののひとつひとつに、**あおむしがくぐり抜けた穴が空いているのがインパクト大**で、よく本を手にしては絵を眺めながら穴に指を入れて遊んでいました。シンプルなストーリーに簡単な単語なので、**日本語訳に慣れる最初のステップとして最適な本**です。

CHAPTER 3

「日本語B」で「英語脳」に変わる法

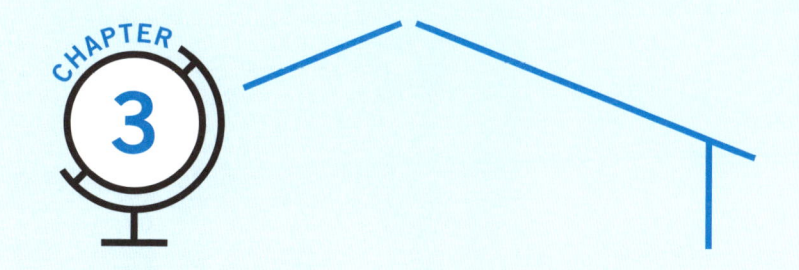

2020年に登場する「論理国語」を先取りした「日本語B」

2020年の新学習指導要領では、**英語と国語を連携して教育する取り組みに言及**しています。

これはとてもよいことです。外国語は母国語に引っ張られるので、日本に住んで日本語で暮らす子どもたちは、日本語ができないと英語の語彙も豊かになりません。でも、論理的と言われる英語と、空気を読みながら断定を避ける日本語を連携させるのは難しいのではないでしょうか？

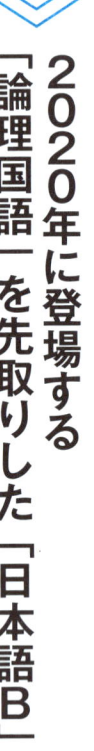

そこで、2020年の新学習指導要領で高校生の国語科に登場するのが「**論理国語**（仮称）」です。

初めて聞く名前かと思いますが、これは普通の日本語と英語をうまく橋渡ししてくれる、つなぎのような便利な日本語なので、私はこの論理国語を「**日本語B**」と名づけています。

一番わかりやすい例を挙げましょう。

従来の日本は、互いが場の空気を読んだり、暗黙のうちに意を察し合えばなんとかなってしまう「説明が必要ない」社会でした。

一方、多種多様な民族や人種、文化が混在している国際社会では、コミュニケーションに「明確な断定」や「論理的な状況説明」「客観的な事実描写」などが求められる「説明が必要な社会」です。

一から論理立てて説明しないと、互いのバックグラウンドの違いから誤解が生まれ、誰もわかり合えません。

日本語の大きな特徴に、文の最後に何かしらの語尾をつけないと終われないことがあります。

「〜でしょ」「〜なの」「〜かな」「〜じゃない?」「〜ってか」「〜ぽい」「〜的な」「〜みたいな」「〜ですよねぇ」といった、あいまいな表現で相手に同意を求める語尾がものすごく多い。

多くの日本人は普段から、断定や言い切りのような確固たる表現を好みません。

文章の最後にくる大切な動詞に縛られて、なぜか断定できない微妙な立場に置かれているのです。

ところが、英語の場合、主語のすぐ後ろに動詞がくるので、語尾に何もつけなくても文が終わるのです。

しかも、基本的に「クエスチョン（疑問、質問）」と「ステートメント（平叙文）」しかありません。つまり、「〜ですか?」「〜です」と語尾はこの2つしかないので非常にらくです。

でも、最近の若い人がすごいのは、ラインなどのショートメッセージで、「先輩とご飯わず」（わず：〜だったの意。be動詞の過去形のひとつ。wasに由来）、「り」（了解しましたの略語）など、語尾で空気を読まなくてすむ略語を次々と編み出していることです。

世界共通のコミュニケーションツールとしてのスマホの普及や、社会のグローバル化で、世界の若者の文化・慣習が似てきているせいでしょうか。

確かに、会話中に語尾を選ぶのが面倒になるときが多々あります。

外国人が日本語を習うと、友達同士の会話でも、「そうですね」「よかったです」など、語尾が妙に丁寧なことがあります。

これは、外国人にとって語尾の選択が、立場や年齢の差など日本の文化や慣習を知らないとわからない条件が含まれるので、習うのが大変難しいからです。

日本だけで通用する断定を避けるような日本的な考え方を、そのままの意味合いで英語に置き換えても、結局、「断定しないあいまいな英語」にしかなりません。日本人的発想のまま英語に訳したら、「要するに、どっちなの?」「はっきり言わなきゃわからないよ」と、意味は通じてもコミュニケーションが取れないはずです。

では、どうすればいいか。

その答えが、国語教育、日本語教育にあります。

つまり、従来の国語（日本語）教育に加えて、**「国際社会でも通用する論理的エッセンスを持った日本語」**を学ぶ必要があるということです。それは**「英語を身につけるための日本語」**と言うこともできます。

普段使う日本語を「日本語A」とすれば、これに加えて、世界で通用する論理的な**「日本語B」**も取り入れていくべきです。

英語のルール、つまりグローバルなコミュニケーションルールに、いまのうちから日本語で慣れておきましょう。

「日本語B」はこの3つだけ押さえればいい

本書では、従来のあいまいな日本語を「日本語A」、国際社会に通用する論理的な日本語を**「日本語B」**と名づけます。

もちろん、空気を読んだり相手の意を察したり、いい意味であいまいさのある「日本語A」は大切な日本文化であり、それを否定する気はまったくありません。

それとは別に、論理的、具体的、客観的な「英語的な考え方」の「日本語B」でものごとを考える習慣をつけると、**英語力アップの素地（土台）**ができてきます。

「日本語B」で考える習慣がつけば、それを英語に変換するだけですから、非常にらくな気持ちになります。

「日本語B」は、日本語と英語を橋渡しする重要な役割ととらえれば、英語嫌いな方も見える世界が変わってきます。

では、英語への橋渡しになる論理的な「日本語B」とは、具体的にはどういうものなのでしょうか。

決して難しくはありません。

「○○は◇◇です。なぜなら△△だからです」

これが「日本語B」です。従来の「日本語A」との違いはたった3つ。

まず結論――言いたいことを先に言う
必ず理由――論理的な「なぜなら」を示す
事実描写――事実と意見を明白に区別して伝える

つまり、**結論と理由と事実をはっきりと意識**する。これだけです。

そして、これが**英語のコミュニケーションの大原則**でもあります。

「そんな簡単なことは、普段からやっているよ」と思われるかもしれません。

でも、日常でなにげなく使っている日本語を冷静に見てみると、驚くほどまったくできていません。

できていなくても通じてしまう――これこそが従来の「日本語A」の特徴でもあります。

しかし英語では、できなければ通じません。

ですからまず、普段から**「結論」「理由」「事実」**を意識した「日本語B」を使っていく必要があるのです。

まず「結論」――言いたいことを先に言うと何が助かるか

言いたいことを先に言う――日本人にはこれができない人が少なくありません。

思ったことを思った順に話していき、なかなか結論にたどりつかず、「結局何が言いたいんだ?」と思ったことがある方も多いでしょう。

「日本語A」(従来の日本語)と英語の違いとしてよく指摘されるのが、**「話の順序」**です。

日本語の場合、事情や状況、背景などを先に話し、最後になってようやく結論を言う——この順序で話されるため、外国人からは「日本人は最後にならないと結論を言わない」と思われがちです。

一方、英語の多くは「先に結論を言って、その周辺の事情や背景はあとから補足する」という順序で構成されています（もちろん、小説やミステリーは違います）。

たとえば、「手が足りないので、仕事を手伝ってくれないか」と聞かれて、先約があって断るときに、英語だと、「すまないが手伝えない。なぜなら、先約があっていまから出かけなければならないから」となる。**最初に「手伝えない」という結論をはっきり伝えて、そのあとで手伝えない理由をつけ加え**ています。

一方、これを日本人が言うと、

「今日はこれから人と会う約束があって、いますぐ出ないと遅れてしまう。だから無理だな」

まず、「先約があって」「時間がなくて」といった事情説明がきて、「だから手伝えない」という結論は最後にくる形になりがちです。

この問いに対する結論は、「手伝えるか、手伝えないか」にあります。

英語は結論を先に示し、日本語は最後に示す、という順序になっているわけです。

重要なのは、**英語のコミュニケーションでは、行き先がわからないまま話が進んでいくのは大きなストレス**になるということ。結論が最後にきてしまうと、「結局のところできるの？　できないの？」と、「最後までどっちかわからない」ストレスを相手に与えることになります。

そうしたストレスを互いに回避するために、英語では「まず先に結論を示す」ことが重要視されているのです。

つまり、「日本語B」とは「まず結論」という英語のセオリーを意識的に取り入れた日本語表現であり、コミュニケーションになるのです。

ひとつ簡単な例を出しましょう。

たとえば、お母さんが学校の先生にこんな電話をかけたとします。

「先生、おはようございます。1年2組の山田太郎の母です。太郎ですが、いつもは元気なのですが、昨夜から調子が悪くて、今朝になったら38度の熱が出ていました。いまから病院に連れていこうと思いますので、**今日はお休みさせてください**。お願いします」

この例文は「いつもは元気」→「でも今朝は調子が悪そう」→「熱を測ったら38度あったから病院に行く」→「だから学校を休む」という順序で話されています。

この電話連絡で母親が一番伝えたい結論は、「息子が学校を休む」ということですが、事情や背景の説明が先で、その結論が最後に出てくるというのが従来の「日本語A」です。

これを**「結論が先、背景はあと」**の論理的な「日本語B」に変換するとこうなります。

「先生、おはようございます。1年2組の山田太郎の母ですが、本日、**息子を欠席させてください**。今朝から38度の熱を出しているので、病院に連れていきます。どうぞよろしくお願いします」

最初に、「今日は学校を休む」と結論を伝え、そのあとで背景や事情を補足する。なにげなく話している普段の日本語ですが、**話す順序を逆にするだけで、「この電話で母親は何を伝えたいのか」がすぐに、明確に**相手に伝わります。

朝の始業時間前は電話を取った先生もあわただしいはず。結論を先に示してあげれば、忙しい先生もありがたいでしょう。

必ず「理由」――論理的な「なぜなら」を示す

まず結論や主張を言ったら、それを**言いっぱなしにしないのが英語のルール**です。

結論のあとには、それを裏づける「なぜなら」と理由を述べる。つまり、**「○○は◇◇です。なぜなら△△だからです」**

「なぜなら」がなければ、自分の意見を主張できない。「理由」をきちんと述べることが自分の主張の**説得力を高める**。これが英語でのコミュニケーションのセオリーなのです。

SIJで大分にやってきたアメリカ人ハーバード生のMくんの例です。

Mくんは水泳が得意で、父親はオリンピックの水泳のアメリカ代表選手。温泉で有名な別府市の温泉プールで、得意の水泳をＳＩＪの仲間たちに披露しようとバタ足を軽く始めたところ、健康増進のために水中歩行をしていた地元のおばさまから日本語でこう注意を受けました。

「みんなが見ているよ」

英語にすると、〝Everyone here is watching you.〟

アメリカ人にとって「みんながあなたを見ています」と言われても、は？　それが何？　となりますが、日本人はまわりの空気を読むので、「みんなが迷惑そうにしているから、いますぐバタ足をやめなさい」という意味と解釈します。

しかし、Ｍくんには、「いますぐバタ足をやめてください」と明白に表現しないと通じません。

以前、ＳＩＪでハーバード生たちからプレゼントをもらったことがあります。

彼らがみんなでお金を出し合って、大分で有名な郷土のお菓子を贈ってくれたのですが、そこには「なぜ私にプレゼントを贈るのか」「どんなことに感謝しているのか」「どうしてこのお菓子を選んだのか」といった具体的なメッセージが添えられていました。

お菓子はおいしく食べてしまいましたが、ひとりひとりが書いてくれた「メッセージ＝理由、つまり私への思い」は、いつまでも記憶に残っています。

「つまらないものですが」と謙遜して理由を語らない「日本語A」に対して、**「あなたのために○○を選びました。なぜなら△△だからです」**と遠慮せず、謙遜せず、あいまいにせず、明確に理由を伝える。

このように、「日本語B」は、**「必ず理由」**という英語のコミュニケーションスタイルに則した日本語表現なのです。

「事実」を描写――見たままを客観的に描写する

この章の冒頭でも触れましたが、さまざまな民族や文化が混在している国際社会でのコミュニケーションは、日本語のように「相手が言外のニュアンスを察してくれる」といったやりとりが通用しません。

ですから、国際共通語である英語には、誰が聞いても理解できるような「論理的な状況説明」や「客観的な事実描写」が求められます。

英語圏では、たとえ子どもでも、プレゼンや事実描写の訓練をしているのはそういった理由なのです。

たとえば、左の写真を見てください。

「この写真に写っているシーンを説明してください」と質問されたとき、日本語ならきっと、「おいしそうなコーヒーと新聞がテーブルに置かれています」といった答えになるでしょう。

この情景を英語でありのままを描写するとどうなるでしょう（日本語訳）。

「木目のテーブルの上に、ソーサーに載ったコーヒーカップが一客あります。カップにはホットコーヒーが注がれています。角砂糖が2つと、銀のスプーンが添えられています。そのそばにたたんだ新聞が置かれています」

客観的な描写においては、英語の場合、個人の感想、想像や予想もない、あくまでもニュートラルな「事実描写」で答える。

これが便利なのは、読書感想文のときなどです。

最初に本の要約を客観描写でまとめ、次に感想や意見を述べる。これを段落で分けると、とてもすっきりした文章が書けるのです。

ところが、私たち日本人は「日本語A」の授業で、日本語での客観的な事実描写の練習をしてきませんでした。ですから、あらすじと感想が混在した感想文になりがちで、「私は～と思いました」と各文章ごとに同じふうになってしまい、誰もそれを正しく教えてくれることもなく学校を卒業しました。

夏休みに、「美術館に行って、好きな絵を1点選んで感想を書きなさい」という宿題が出ることがありますが、これも同じこと。絵をまず客観的に描写して、そのあとで感想や分析を書きます。

つまり、**客観描写は、子どもたちの表現力強化になくてはならない**のです。

親子でらくらく「どうしてタイム」

これから、この**「日本語B」の3つの力**を家庭でらくらく伸ばす方法を紹介します。

「どうして?」「なんでそうなの?」

これは、**小4で英検2級（高校卒業程度）に合格**したTくんの家庭での口グセです。

「話をしていても、『なんで?』『Why?』と、とにかく理由を知りたがるんです」

とお母さん。

Tくんの英語力がここまで伸びたのは、こうした**『理由』にフォーカスしている毎日の会話**も大きく影響していると、私は考えています。

家族とのなにげない会話の中で「理由」を意識させることは、子どもに自然と「日本語B」で考え、表現する習慣をつける効果的な練習になります。

特に、幼稚園児や小学低学年というのは、何にでも興味が出てきて、やたらと「なんで?」「どうして?」と聞きたがる年頃です。

ならば、ときには親のほうから「それはどうしてかな?」と聞く機会をつくってみてはどうでしょうか。

好きな食べもの、好きなアニメキャラクター、お気に入りのおもちゃ——何でもかまいません。

ひとつお題を決めて、それについてお子さんに質問します。

「○○ちゃん、一番好きなおかずは何？」――「ハンバーグ！」

『妖怪ウォッチ』では、誰が好き？」――「ジバニャン！」

「いま持っているゲームの中で、どれが一番好き？」――「『ファイナルファンタジーXV』！」


そして、お子さんが答えたらそのあとにひと言。

「どうして好きなの？」

これで、その「理由」を説明してもらいます。

理路整然とした理由が話せなくても気にすることはありません。


ここで重要なのは、**お子さんが自分で言った答えの理由を考えるという行為そのもの**なのです。決して先回りせずに、「なるほど」「そうなんだ」などと肯定的に相づちを打ちます。

ただ、かしこまって面接のようになると、緊張したりイヤになったりするかもしれません。あくまでも親とのおしゃべりの一環として行いましょう。

『どうしてタイム』『ママからのインタビュータイム』のようにネーミングして、「じゃあ、『どうしてタイム』やろうか」と、ゲームにしてしまうのもいいでしょう。

こうして身につけた「理由」への意識は、「英語表現」レッスンへの大きな助走になります。

私の教室では、小学生と中学生が混ざってディスカッションするクラスがたくさんありますが、先日あったクラスのテーマは、〝climate change（気候変動）〟でした。

これは、〝global warming（地球温暖化）〟とどう違うのか、人間だけが悪いのか。いやこれまでも氷河期と温暖化はくり返されてきたから自然現象で避けられない。新興国がどんどん発展すると二酸化炭素により地球はもっとあたたまるのかなど、子どもたちが英語で活発に議論する姿に、本当にたくましさを感じました。

ある中学生は、「学校の英語の授業よりこっちのほうが、言いたいことがバンバン言えて面白い」と笑っていました。

親子のコミュニケーションが深まり、しかも、お子さんには「日本語B」のエッセンスが身につき、最後は英語でディスカッションできる。こんないいことはありません。**「理由」を意識する『どうしてタイム』**、ぜひチャレンジしてみてください。

家族でらくらく「緊急通報ワーク」

ここでは、**「緊急通報ワーク」**で「事実の描写&説明」を練習しましょう。

「日本語B」の「余分なことを省いた客観的な事実描写」によるコミュニケーションが求められるわかりやすい例が、火事や事故を知らせる119番や110番などの緊急通報です。

そこでは、目の前で起こっていることや現場の状況といった事実を、客観的に説明する必要があります。

たとえば、Bさんが買い物帰りに火事を発見し、消防車を呼ぶために119番したとしましょう。

〈119番を受けたAさんと通報者Bさんの会話〉

A：はい119番です。火事ですか？　救急ですか？

B：もしもし、火事です。
A：場所はどこですか？
B：○○町の○○町立小学校正門前のビルです。
A：何が燃えていますか？
B：5階建ての白いビルの3階から火が出ています。
A：現場はどんな状況ですか？
B：3階の角部屋の不動産屋の窓から炎と黒い煙が噴き出しています。
人数はわかりませんが、中にまだ人影が見えました。
A：あなたのお名前と、いまかけている電話番号を教えてください。
B：B山B子です。電話番号は123－4567です。
A：わかりました。すぐに消防車と救急車が向かいます。

どの場所のどの建物で、どんなふうに火事が起きているのか――Bさんは目撃した火事の状況を、**具体的に、客観的に、事実説明**できています。

こうした緊急通報はほとんどが一刻を争います。

ここで、「いま、夕飯の買い物帰りに通りかかったら、友達の家の近所から炎が見えて――」という個人の事情説明に終始したり、「とにかくすごく燃えています」「大変なことになっています」といった抽象的な表現ばかりになってしまうと、現場の状況がAさんに迅速かつ正確に伝わりません。

ここでのやりとりに手間取ると、人命に関わってきます。

こうした状況では、「日本語B」のコミュニケーション力が不可欠だというのが実感できますね。

では、最後に、この課題にチャレンジしてみてください。

イラストを見て、正確に短く描写してみてください。

【課題】あなたは交通事故を目撃しました。救急車を呼ぶために119番に緊急通報してください。

上のイラストを見て、空欄を埋めましょう。

＜119番のAさんと事故を目撃したBさんの会話＞

A：はい、119番です。火事ですか？ 救急ですか？

B：＿＿＿＿＿＿＿＿＿＿＿＿＿＿＿＿＿。

A：場所はどこですか？

B：＿＿＿＿＿＿＿＿＿＿＿＿＿＿＿＿＿。

A：何がありましたか？

B：＿＿＿＿＿＿＿＿＿＿＿＿＿＿＿＿＿。

A：けが人の状態は？

B：＿＿＿＿＿＿＿＿＿＿＿＿＿＿＿＿＿。

A：あなたのお名前と、いまかけている電話番号を教えてください。

B：＿＿＿＿＿＿＿＿＿＿＿＿＿＿＿＿＿。

A：わかりました。すぐに救急車が出動します。

CHAPTER 4

1日たった5分の らくらく単語暗記法 ——英語は単語が9割！

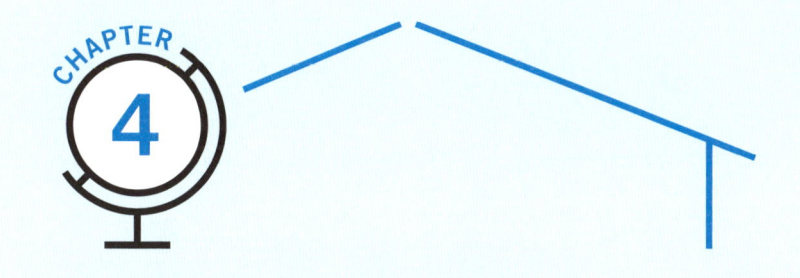

英語は単語が9割！　英語力＝単語力

それでは、ここからは、私の教室で最も評判がいい「単語暗記法」を紹介しましょう。

突然ですが、「包摂《ほうせつ》」「敷衍《ふえん》」「表象《ひょうしょう》」「投影《とうえい》」「寓喩《ぐうゆ》」「修辞《しゅうじ》」……みなさん、このうちいくつ説明できますか？

これは、大学受験生が使う『頻出現代文重要語７００』（桐原書店）からいくつか拾ってみました。

読書習慣があり、勉強好きでないとなかなか使いこなせない「書き言葉」の数々。日頃すっかり忘れていますが、言葉には日常会話で使う**「話し言葉」**と、読み書きに使う**「書き言葉」**の２種類があります。

この２つはまったく違います。

たとえば、いま流行りの「deep learning（ディープラーニング：深層学習）」という言葉があります。

まず、この単語を知っているのと知らないのとでは、最新の人工知能問題についての理解度が違ってきます。

次に、この単語を覚えて、関連記事を読んだとすると、その記事内でまた新しい知らない単語に出合い、知識は増えます。

未来を担うみなさんのお子さんたちは、知的好奇心を満たすため、情報を使いこなすため、また各種の試験に合格するためにも、

「神経突起の発芽と伸長による新しいシナプス結合の出現により起こる神経回路網の変化をシナプス結合の可塑性《かそせい》という」

といった文章を将来、英語で読む必要があるのです。

同時に、会話の中では、

「扁桃腺《へんとうせん》が腫《は》れて熱っぽい」とか、「やっぱり柔軟仕上剤入りの洗剤が一番いい」とか、そんな「話し言葉」を使う必要も出てきます。

神経突起の発芽と伸長による新しいシナプス結合の出現により起こる神経回路網の変化をシナプス結合の可塑性《かそせい》という。

____

____________________________________.

扁桃腺《へんとうせん》が腫《は》れて熱っぽい。

____.

やっぱり柔軟仕上剤入りの洗剤が一番いい。

____.

さあ、ではここで、前ページ傍線の書き言葉（大学入試に出るような文章）と、話し言葉（日常生活の言葉）の2つを英語に訳してみてください（上図）。

といっても、中高6年間の学校英語だけを受けてきた方々にはできませんよね。

なぜなら、そもそも日本語に対応する英単語を知らないからです。

さらに、「書き言葉」は専門的知識がなく、文章構造が複雑そうに見えますし、「話し言葉」は日常の単語を日頃使う機会がないから慣れていません。

ここでひとつはっきりしました。

使える英語の基本となるもの、それは

「単語力」です。

英語の文章は「いくつもの単語の集合体」で、どんなに長い英文も、どんなに複雑な文章も、すべては単語が集まってできています。

ここで、はっきり申し上げましょう。

単語をたくさん知っていれば、英語はなんとかなります。

あなたが知っている単語の数と種類は、あなたがどんな人間であるかを決定しているると言っても過言ではないのです。

つまり、どれだけ多くの英単語を覚えているか、これがその人の英語力を大きく左右するのです。

これで、会話でも読み書きでも、いかに単語が大切か、おわかりいただけたと思います。

実際に、大分の公立高から現役でハーバード大に合格したすみれも、「入試準備のために、かなりの時間を〝単語を覚えること〟に費やした」

「ハーバードの英語は単語が9割」

と断言しています。

当然、入試エッセイも単語を幅広く熟知していないと、採点者をうならせるような名文は書けません。

知っている単語が多ければ多いほど、同意語や反意語がすぐにピンとくればくるほど、英語を読むスピードも、聞き取れるレベルもアップします。

ぜひ意識してほしいのは、**文法よりも何よりも、まずは単語をたくさん覚えることが大事**だということ。

まさに**「英語は単語が9割」**なのです。

園児や小1でも週100語を覚えられる秘密

そうはいうものの、中学生レベルの単語を幼児や小学生が家庭で覚えるなんて無理では？　と思われる方も多いかもしれません。

でも、安心してください！

世界で使われている英語に「中学用」も「高校用」もありません。

それは日本人が勝手に決めているだけのことです。

単語は、何歳でも、何年生でも、好きなときに好きなところから始めればいいのです。

事実、私の英語教室では、週1回75分授業にもかかわらず、幼稚園児や小学1～2年生たちが、**「1週間に100語」**というペースでスイスイ覚えていきます。

週に100語だから、中学1年分の600語なら**6週間で制覇**できます。

そして記憶を確実にするために、「週に100語×6週」をもう一度くり返します。

すると、合計12週間。

2020年に大きく変わる英語で小学校4年間に習う単語600個を、**たった3か月で覚えてしまう**計算になります。

そして、このペースでいけば、**中学卒業レベルの1800単語も1年足らずで習得**できてしまうのです。

600単語は、英検5級（中学初級程度）、1800単語は英検3級（中学卒業程度）に相当する語数です。

つまり幼稚園や小学低学年の子どもたちが、**たった3か月で英検5級に、半年で英検3級に合格**できるレベルの単語力を身につけています。

もちろん、大分にある私の英語教室に通っている子どもたちが特別なのではありません。

みんな知識ゼロ、英語学習経験ゼロの〝まっさらな状態〟から始めている子ばかりですし、親御さんもセレブな方はほとんどおらず、いたって一般家庭の方ばかりです。

その子たちが、あっというまに中学レベルの英語の教科書が読めるようになる。

半年もたてば、高校1年で使う英語の教科書さえ読めるようになり、さらに続けることで、英検1級（大学上級程度）レベルの「1万語」、アメリカトップスクールに必要な「2万語」までも暗記できてしまうのです。

暗記嫌いの年長さんが2年で4000語をマスター

この暗記法なら、**地方の普通の小学生が、わずか半年で、高校1年の英語教科書を読めるように**なる——こんなことを書くと、「まさか、そんなことが」と疑問を感じる方もいるかもしれません。

でも、それは**紛れもない事実**なのです。

たとえば、幼稚園の年長から2年間、私の教室に通っているYくん（小2）がいます。

英語教室に通うのも初めてのため、最初は単語を覚えるのが大嫌い。暗記にも身が入らず、「1週間に100語」と言われても全然できませんでした。

ところが、教室でお伝えした「1日たった5分のらくらく単語暗記法」に、お母さんと二人三脚で挑戦したところ、**2年間に約4000語**もの英単語を覚えてしまいました。

そして、**英検準2級（高校中級程度）にも見事合格**。小2のいまでは、Yくんは大学入試問題レベルの長文を淡々とこなし、さまざまなテーマで作文を書いています。

他にも、

- **小学6年から始めて、8か月で約2000語（英検3級レベル）を覚えた中学1年生**
- **小学3年から始め、1年半で約5000語（英検2級レベル）を覚えた小学4年生**

などなど。

多くの普通の幼稚園児や小学生が、高校卒業レベルの単語をらくらくマスターしています。

英語の学習経験ゼロでも、まだ幼い子どもでも、圧倒的な量の単語を覚えられる。

以下に紹介する「1日たった5分のらくらく単語暗記法」は、**「まさか」を「すごい」に変える〝奇跡の勉強法〟**なのです。

子どもの暗記は〝お母さんと一緒〟が最強

英語学習経験ゼロの普通の子たちが、なぜ何千語もの単語を暗記できるようになるのでしょうか？

子どもは大人が思っている以上に高い語学力、つまり新しい言葉を吸収し、身につける能力を持っています。

それは、どのお子さんも同じです。

ここで大切なのが、**子どもの潜在能力を誰が引き出してあげられるか**です。

それは、親しかいません。

幼稚園児や小学低学年くらいの子どもたちは、自分だけではその能力を上手に発揮できません。といって学校にお任せしても、学習レベルをトップの子には合わせられないので、その能力は開花しません。

一番近くにいる大好きな「お母さん、お父さん」が一緒に、いつも隣にいて支えてくれることが、子どもの能力を最大限に引き出す最大の要因なのです。

先に紹介した、暗記することが大嫌いだったYくん（小2）のお母さんも、

「息子が『ママが一緒だから楽しいし、やる気が出る』と言います。『ママが一緒にやってくれる』という安心感があるみたいで。だから暗記するときは私も一緒。**親子で遊ぶように楽しく覚える**。覚えたことを私にほめられる。次もほめられようとがんばって覚える――という感じで、だんだん暗記が好きになっていきました」

とおっしゃっています。

これから紹介する「1日たった5分のらくらく単語暗記法」は、親子で一緒に、楽しみながら単語を覚えられるメソッドです。

イヤイヤやっても覚えられないけれど、大好きなママやパパと一緒だから、子ども

もうれしくてやる気になる。だからスイスイ覚えられる。暗記する時間は「ママと一緒の時間」と思ってくれれば、お子さんのモチベーションも上がるでしょう。「勉強しなさい」「暗記しなさい」と、子どもをひとり勉強部屋に追いやるだけでは、英語を学ぶ習慣も身につきません。**親御さんがお子さんのそばにいてあげる、サポートしてあげる**ことが大事なのです。

「1日たった5分のらくらく単語暗記法」——誰でも3か月で600語制覇

さあ、ここから実践していきましょう。私がこれまで3000人の生徒に教えている「1日たった5分のらくらく単語暗記法」を紹介します。

- **地方の普通の子どもたちが中学、高校、大学入試レベルの単語力を次々と身につけている究極の暗記法**
- **ハーバード大に現役合格した娘のすみれも小さい頃から実践し、生徒たちの親御**

さんからも、これはすごいと〝成果実証済〟の最強の単語暗記法

● 家庭で、親子一緒に、誰もが楽しく実践できる暗記法

これが、「1日たった5分のらくらく単語暗記法」です。

これなら、幼稚園児や小学低学年の子でも、**新学習指導要領の小学3〜6年の4年間分・英検5級レベルの単語600語を3か月でマスター**できます。

そして、この600語がマスターできたら、あとはレベルを上げて継続するだけ。

1年あれば、中学3年間に習う単語およそ1800語もらくに暗記できます。

単語暗記「3つ」の極意

「1日たった5分のらくらく単語暗記法」の極意は、次の3つです。

極意1　音声に合わせて音読する――口と耳で覚える

音声を聞くこと、音読することの両方に共通するメリットは「耳で覚えられる」ということ。

まず、お手本の音声を聞く、そして音読することで自分の声が耳から入ってくる。「耳で聞いて、声に出して読んで、またそれを耳で聞く」――音声に合わせた1回の音読で、これだけ単語に触れる機会がつくれるのです。

極意2　「英語→日本語」を交互に音読する――体で覚える

「apple―りんご」「park―公園」「do―する」「like―好き」――**英語と日本語を交互に音読するのが、この単語暗記法の最大のポイント**です。

これをテンポよく行うことで、英単語「ひとつ」と日本語「ひとつ」の組合せを、意味や和訳ではなく、**リズムで覚える**ことができます。

「『日本語―英語』の〝交互音読〟をすると、『apple―りんご』という組合せを〝そのまま〟覚えてしまうのです。次からは『apple』を見るだけで、『アップルは日本語でりんごだな』と頭の中で訳さなくても、自然に『りんご』と出てくるようになる。**体が単語を覚えてしまう**んです」

とは、すみれの言葉。すみれは幼い頃、この方法で圧倒的な単語力を身につけました。

英語と日本語の交互音読はシンプルですが、世界に通用する暗記法なのです。

極意3　書かずに「なぞり読み」する――目で覚える

音読するときは、**指で単語の文字をひとつひとつ「なぞり読み」**（↓161ページ）します。

ひと文字ずつ目と指先で追っていく「なぞり読み」だと、いま自分がどの文字を読んでいるかお子さん自身でわかるようになります。

アルファベットのつづり（スペル）をノートに書き写す「書き取り」で単語を覚えるのは疲れるだけで時間のムダ。「なぞり読み」が定着すると、ノートに書き写すことなくグングン文字が読めるようになります。

たったこれだけです。

音声を聞きながら、音読と「なぞり読み」を一緒に行えば、**「口、耳、目」と3つの角度から単語を覚える**ことができるのです。

親子二人三脚で臨めば、学校や塾に頼らず家庭で、市販の単語帳だけで、しかも

たった3か月で、幼稚園児でも小学生でも中1の3学期修了レベルの単語をマスターできます。さあ、さっそく今日から〝家で、親子で〟単語攻略を始めましょう！

英検5級の単語帳はこうして暗記する（無料動画付き）

●目標：「3か月で600単語」を覚える

英検5級（中学初級程度）の600語を、3か月で全部覚えましょう。

●期間：1日5分を週5日、1週間にたった25分で100単語

それを6週間で600単語に到達！

念のため、もう1回、同様に6週間で600単語をくり返します。

すると、3か月で600語がきっちり暗記できます。

●進め方1

1日目：20単語を1分40秒（約2分）
2日目：1日目の20個＋当日※の20個（3分）
3日目：2日目の40個＋当日※の20個（5分）
4日目：3日目の60個＋当日※の20個（7分）
5日目：4日目の80個＋当日※の20個　赤シートチェック（10分）
※当日以外の単語は音読のみなので短時間ですむ

進め方2

1日目～5日目：毎日100個を10分で一気に読んでしまいます。

進め方1でも2でもかまいません。

1日平均わずか5分！　歯磨きと同じで、習慣化してしまえば週5日もらくらく。

お母さんがニコニコそばにいてフォローします。

この3か月のクールが終わってしまえば、**翌日から一切単語帳を見なくてもOK**です。

目標は、

1　グリット（やり抜く力）：私は継続できる能力がある
2　自己肯定感：私は達成感を味わった
3　有能感：私は4年分のタスクを3か月で終わらせることができた
4　安心感：やればできる。親が見守ってくれる

このようなセルフフィードバック（自分で自分を評価して次につなげる）を行い、自己管理を徹底し、自信につなげることです。

最初は、自転車に初めて挑戦するときのように親のサポートが必要ですが、すぐに子どもが自分でできるようになります。

3000人の子どもたちを見てきた経験から、初めにたくさん手をかけたほうが、子どもは自立が早い。逆に、子どもの自立を待つと称して、初めは親が手を貸さない場合は、あとになって親も子も人間関係がこじれるケースが多いのです。

たった3か月です。そのあとは何もしなくてもいいので、ぜひやってみましょう。

●教材：『英検5級 でる順パス単』（旺文社、本体価格950円＋税 ※確認用赤シート付き）

この単語帳の特徴は下記のとおりです。

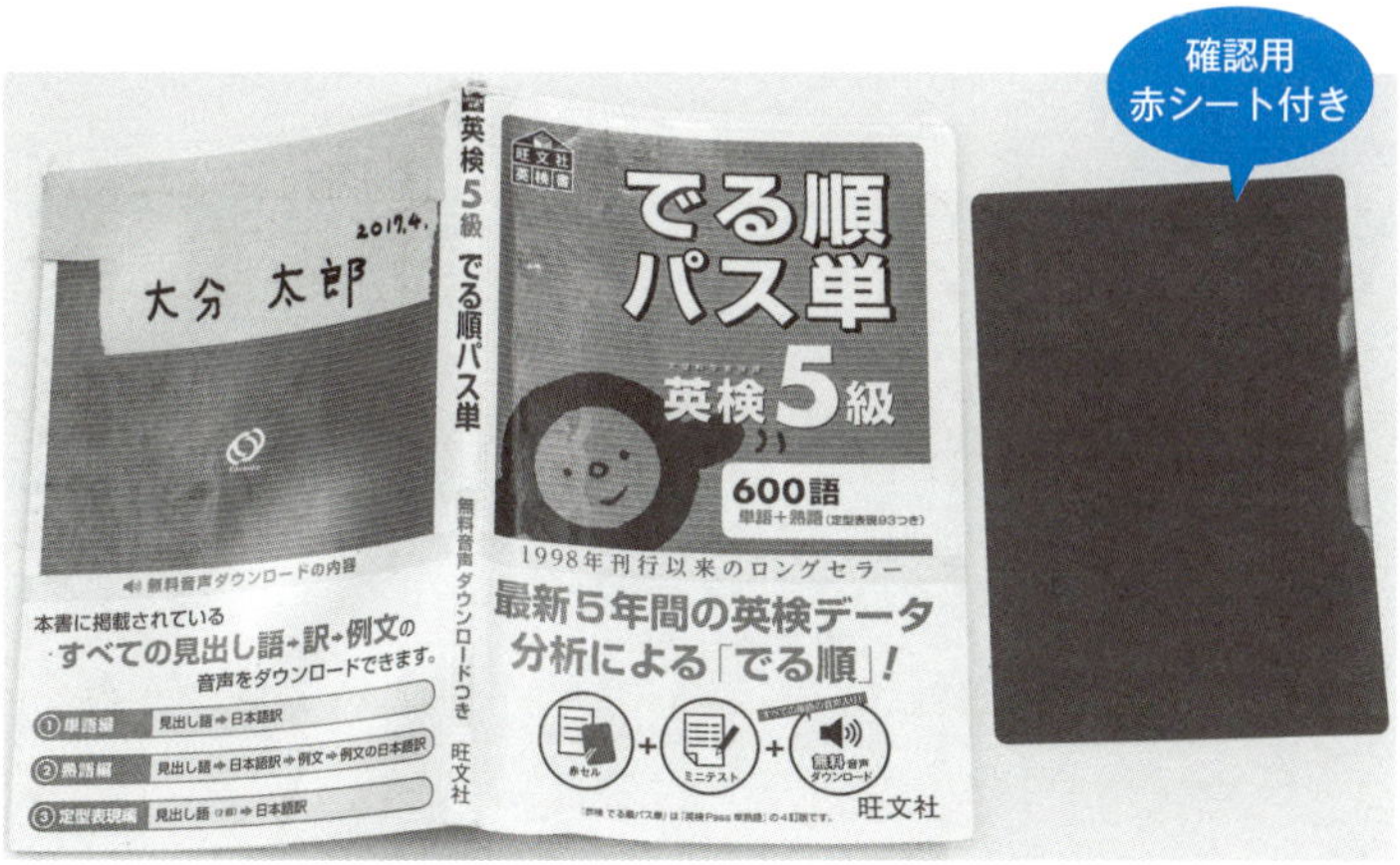

図８　単語帳の後ろに必ず名前を書く

- 私の教室で使っている市販の単語帳で、目標の６００語が収録されている（英検５級がすでに終了しているお子さんには実力に合ったレベルの級を選ぶ）
- 携帯用の手帳サイズでとても薄くてコンパクト。これならできそう！　とモチベーションが上がる本です。
- 「英語―日本語」のシンプルな構成で、各語にチェックボックスがついている（↓次ページ図９）
- 音読のお手本になる**無料音声データ**がダウンロードできる
- 英検５級（中学初級程度）、４級（中学中級程度）、３級（中学卒業程度）、準２級（高校中級程度）、２級（高校卒業程度）、準１級（大学中級程度）、１級（大

図９　お子さんが読みにくそうなときは、いつでも拡大コピーを取る

学上級程度）までラインナップがそろい、レベルに合わせて暗記できる

単語帳には、**必ずお子さんの名前を書きましょう**（↓前ページ図８）。そうすることでお子さんに「これは自分の大切な本だ」という意識が芽生えます。

小さな文字を読むのが苦しいお子さんには、**単語帳の該当ページを拡大コピー**したものを使うと読みやすくなります（図９）。

●用意するもの

教材、付せん、鉛筆、赤ペン、確認用赤シート（単語帳についている）、音声データ再生用のパソコンやスマホ、タブレットなど

始める前に5つの注意

1 音声データを用意する

音読と「シャドーイング」(↓192ページ)に使う音声データ(単語を読み上げた音声)を用意します。今回使用する『英検5級 でる順パス単』なら、音読のお手本になる**無料音声データがダウンロード**できます。

ただ、本来なら親御さんがご自身で読んであげるのがベストです。お子さんのペースに合わせられる、機械の声よりママやパパの声のほうがよりやる気になる、親御さんも一緒に学べるなどがその理由です。

音声データでも十分に効果はありますが、最初のうちは単語も簡単ですから、できるところまでは親御さん自身がお手本を読んであげることをお勧めします。

決してネイティブのように話そうとカッコつけなくて大丈夫です。

2　覚える範囲をはっきりさせる

暗記するのは**1日20語**。単語帳を開いて、その日に暗記する20語が載っている**ページの最初と最後に付せんを貼り、覚える範囲をはっきり**させましょう。

「ここまで覚えたね」と付せんをはがすことが、お子さんにとって**最初の〝小さな達成感〟**になります。

3　英単語「1語」に日本語「1語」を選ぶ

複数の日本語訳がある単語は、**日本語訳をひとつに限定**します。その日に覚える20語について、ひとつの英単語に、最も自分が覚えやすい日本語をひとつ選んで、鉛筆で丸く囲みます。

（例：「出発する、始める」→「出発する、始める」）

こうすることで、**ラベリング効果**（覚える箇所がはっきりとわかる）があり、ひとつでいいんだと**安心感**が生まれ、英語・日本語と交互に読むときに**リズム**がつけやすくなります。

4　助詞・助動詞は無視、読めない漢字に読みがなを書く

シンプルで覚えやすくするために、日本語の**「～を」「～に」といった助詞は囲みから外し**てください。

（例：「～をつくる」→「～を(つくる)」）

また、読めない漢字には、**親が赤ペンで読みがな**をつけ、難しい表現はわかりやすく書き直してください。

（例：「like―好む」→「like―**すき**」）

こうすることで、交互に読むときにリズムがつけやすくなります。

5　ひとりで英単語がだいたい読めるようになったら、英単語についている「読みがな」は消す

「子どもには英語が読めないだろう」と親切心からひらがなやカタカナで、英語の発

音を「読みがな」のように書いている市販の単語帳がほとんどです。

しかし、こういう単語帳を使うと、お子さんが「なあんだ、日本語で読み方を書いてくれているから、英語を見ずに『読みがな』を読んでしまえ」となってしまい、かえって学習の妨げになります。

ある程度英単語が読めるようになったら、水性の黒いサインペンで「読みがな」は消しましょう（↓156ページ図9）。

――これで準備はOK。さあ、お子さんと暗記を始めましょう。

ただ、そうはいっても、初めはさっぱりわかりませんよね。

そこで本書では、単語をらくらく読んで覚える**短い動画**を用意しました。

この動画と次の手順を見ながら、気楽に始めてみてください。

キーワードは「らくらく」！　親子で楽しく始めてみてください。失敗はありません。肩ひじ張らず、ゲーム感覚で気軽に、気楽に始めてみましょう！

★動画１：英検5級の単語帳はこうして暗記する

http://dirigo-edu.com/reading

英語→日本語を交互に「なぞり読み」（月～金の5日間：1日5分）

最初のステップは、単語の音読です。方法は簡単。テキストを開いたら、今日覚える範囲の単語を**「音声データを聞きながら」「英語→日本語、英語→日本語」と交互に「声に出して」「指でしっかりと自分がいま読んでいる1文字1文字をなぞりながら」**読むだけです。

これを**「なぞり読み」**と呼びます。

音声をマネて音読しながら、該当する文字を指でなぞり、音と文字を一致させます。すると、みるみるうちに子どもは英語の文字が読めるようになります。では、やってみましょう（図10）。

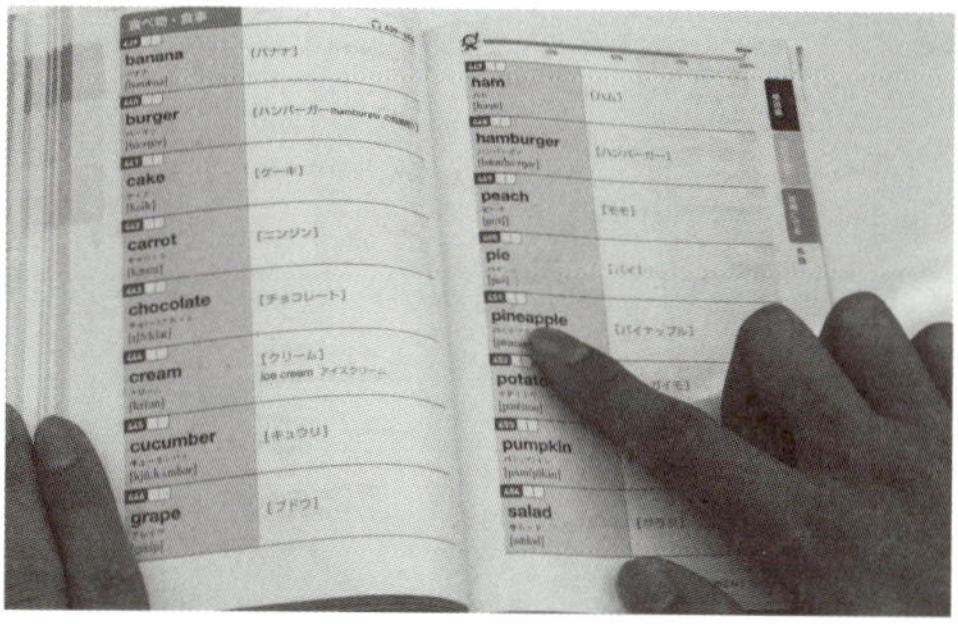

図10　英語→日本語を交互に音読する「なぞり読み」

❶音声データを再生します。もしくは親が音読します。

❷音声を聞いたあとにすぐ、お子さんに同じように英単語を読ませます。

❸その際、指で、「いま自分がどの文字を読んでいるか」をお子さん自身がわかるように、1文字1文字「なぞり読み」させてください。なぞることで**指先に神経が集中して“目”からも覚え**られます（図11）。

❹次にすぐ、英単語に対応する日本語を音読します（図12）。テンポよく、リズミカルに読むのがコツです。

【例】“pineapple”

（親もしくは音声データ）「パイナッポー」

（お子さん）　pineapple →（左から指でなぞりながら）「パイナッポー」と大きく発音する

（お子さん）　「パイナップル」と日本語で音読

――ここまで約２秒。

❺20語すべてを同じように暗記します。

同じ要領で1日分の20語について、❶～❹の手順で音読＆「なぞり読み」を行います。

音声		お子さん		お子さん
(pineapple)	→	「pineapple」	→	「パイナップル」
(pen)	→	「pen」	→	「ペン」
(apple)	→	「apple」	→	「りんご」
(book)	→	「book」	→	「本」

――20個で約1分。

◆「1日たった5分のらくらく単語暗記法」9の手順

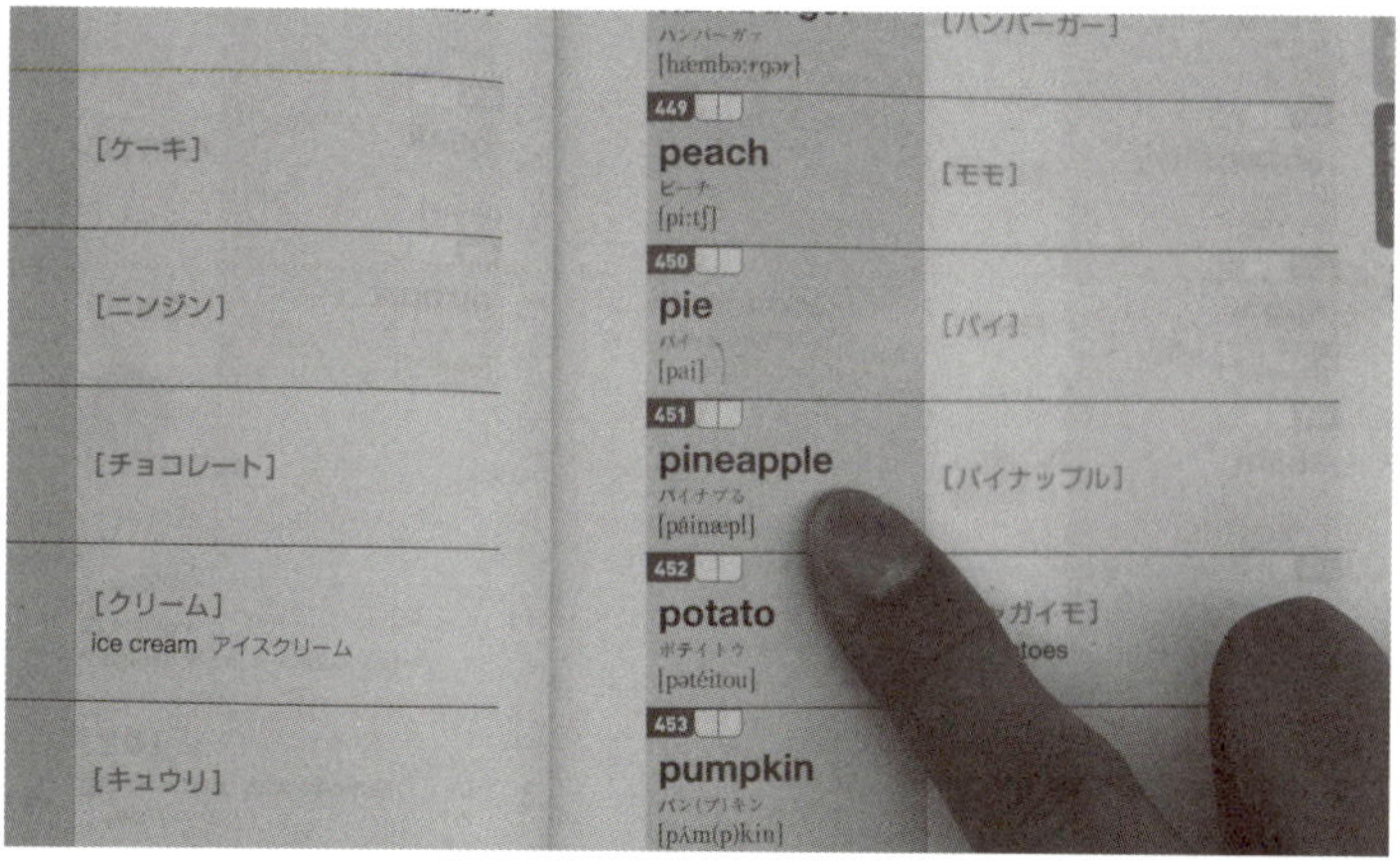

図11　“pineapple”と音声をマネて音読しながら、該当する文字を指でなぞり、音と文字を一致させる「なぞり読み」

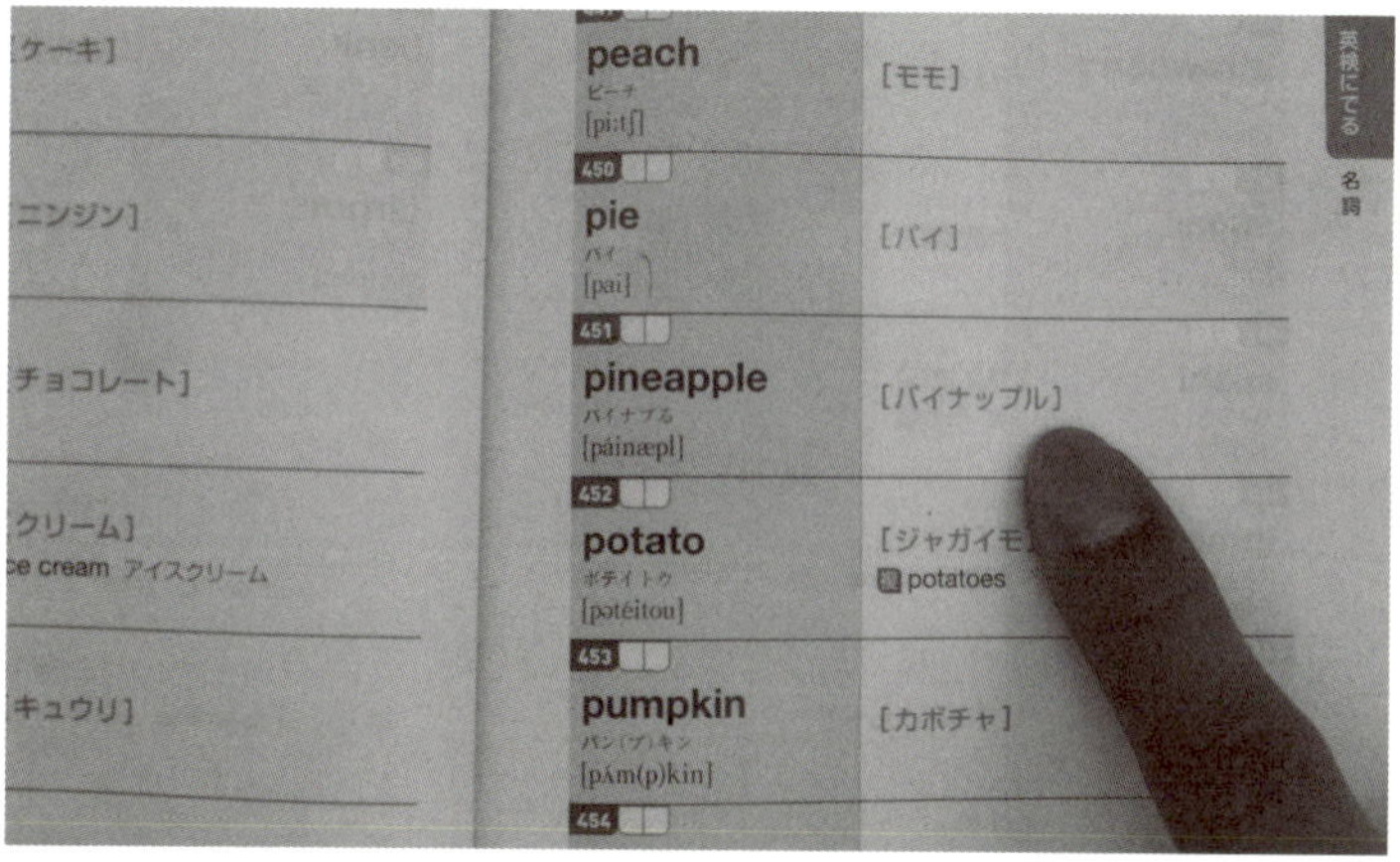

図12　次にリズミカルに日本語を音読する

❻最初からもう一度、その20語を1語ずつ眺めます。

20語を音読し終わったあと、単語帳に載っている単語を順に1語ずつ**"じっと眺めて"**しっかりと**"目"で暗記**します。ここで1単語に2秒、20個で40秒。

このときは**声を出しません。**読むというよりも眺める。単語のアルファベットを目で追わず、**全体をひとつの絵として見る**ようなイメージです(図13)。

20語すべてを眺め終えたら、1日分1セットが終了です。**読むだけなのでらくらく**です。

親は隣に座って一緒に読むだけ。

最初はつまずくかもしれませんが、慣れれば2秒で1語、つまり**40秒から1分で20語を「なぞり読み」**、40秒〜1分で眺めることができるようになります。

❼火〜金の4日間は、まず前日までにやった単語全部を「なぞり読み」で音読します。

"眺めて暗記"は省略するのであっというまに終わります。そのあと、次の新しい単語から20個までを❶〜❻の**「なぞり読み」で音読&眺めて暗記1セットで音読**します。

❽最終日は、100個「なぞり読み」したあとで、赤シートで日本語を隠して覚えたかどうかチェックします。

どうでしょうか。40〜50個覚えていたらパーフェクトです。20個のお子さんもすごいです。ママやパパが小さい頃、1週間に英単語を20個も覚えていなかったのですから。

小学高学年のしっかりしたお子さんで、どうしても毎日暗記チェックしたい人は、その日覚えた単語を20語ずつ、赤シートによる確認をしてもかまいません。

図13　よい例：目で暗記。「なぞり読み」しながら、絵感覚で文字を丸ごと覚える

図14　悪い例：何度も書く暗記。時間のムダ、手も疲れる

❾あっというまに1週間終了です。

単語帳に貼ってある「今日の範囲」の付せんをベリッとはがしましょう。「今週の目標は達成！」です。そしてすぐに、**次の100個の範囲の最初と最後のページに、新しいきれいな付せん**を貼りましょう。基本の「**3か月で600語を覚えること**」だけを念頭に！

「子どもにやる気が見られません」「子どもがやりません」、そういうときは99%、親が疲れているか、効果に半信半疑で子どもの能力を疑っているかのいずれかです。

人生のたった3か月。効果を信じてください。

お子さんは親が思っている数倍賢いのです！　本当です。さあ続けましょう。

「そんなにできません」「うちは夫婦ともども忙しい」と、おっしゃる方。あなたは毎朝、洗顔と歯磨きをしませんか？　それと同じです。

朝、夜の習慣にしてしまいましょう。

ちなみに、手順がややこしい、忘れてしまいそうという方は、難しく考えないで大丈夫です。

1週間に100単語を「音読」して「暗記」すればいいだけです。

その基本に立ち返ってください。

最終暗記チェックの7手順

最終日のチェック方法を7つの手順にまとめてみます。

1 今週分の最初のページから80個を、「なぞり読み」で音読します。

2 今日暗記する20個を、「なぞり読み」で音読&眺めて暗記します。

3 赤シートで日本語を隠して、最初から100語まで「英語↓日本語」を交互に「なぞり読み」して、覚えているかどうかをチェックします。

4 日本語が出てこなかった単語、覚えていなかった単語は、各単語の横についているチェックボックスに鉛筆で✓印を入れます（『英検5級 でる順パス単』には各単語にチェックボックスがついています）。

5 チェックボックスに✓印をつけた覚えていなかった単語を、162～165ページの手順どおりに〝「なぞり読み」と眺め暗記〟でもう一度暗記し直します。

6　再度暗記した✔印の単語を、赤シートを使って覚えているか再チェックします。暗記できたらチェックボックスの✔印を消しゴムで消しましょう。

7　✔印をすべて消せたら終了です。

これで、1週間のうち5日（週2日は休みでOK）で20語×5日＝100語！
これを6週間（1か月半）続けると、あっというまに600語！
さらに、もう6週間（1か月半）で、もう一度同じ範囲をくり返し暗記！
その結果「3か月で600語」をマスター!!

「小学校4年分の単語を家庭で、3か月でマスターなんて、できるわけがないでしょ」

そう思うお母さん、お父さん、実際に600語すべてもれなく暗記しているかどうかは、テストをしないのでわかりません。問題はそこではありません。

1　グリット（やり抜く力）：私は継続できる能力がある

2　自己肯定感：私は達成感を味わった

3　有能感：私は4年分のタスクを3か月で終わらせることができた

4　安心感：やればできる。親が見守ってくれる

このやり遂げた経験からくる4つのポジティブな気持ちは、一生涯あなたのお子さんを輝かせます！

3か月なんて、あっというまですよ。

3か月で600語はあくまで目安

よくできました！　まずは1回、親子一緒にゆっくり休む

自信があるお子さんは次に進む

3か月で英検5級の単語600語が暗記できたら、次はステップアップ。「英検4級（中学中級程度）の680語」に挑戦しましょう。

暗記方法はまったく同じ。テキストはやはり『英検4級 でる順パス単』がお勧めです。

1週間に100語で7週間、これも約3か月での暗記を目標にします。

●**あまり自信がないお子さんは、もう一度くり返す**

3か月やってみて、まだあまり上手に単語を読めない、覚えられないという場合は、英検5級の単語をもう一度くり返してみましょう。

でも、**ここで焦ってはダメ**。本書の「3か月で600語」もあくまで目安であり、ひとつの目標にすぎません。

いま、苦手だからといって、落胆することに何の意味もありません。

進行度合は子どもそれぞれで違います。

スタートダッシュで最初からできる子もいれば、スロースターターであとで伸びる子もいます。

現段階で、「ウチの子はダメ」と決めつけるのは**大きな間違い**です。

他の子どもと比較をしたり、親が投げ出したりせず、「いまは暗記することが苦手な時期なだけ」と考えましょう。

子どもに「またやりたい！」と言わせる親の心得

できても、できなくてもほめる！

最初は誰でも要領がつかめません。特に、英語の音を口に出すのが初めての場合、自分が出している音がはたして合っているのか、どんな意味なのか、そもそもなぜ日本語と違う言葉があるのか、さっぱりわかりません。

ですから、経験ゼロのお子さんには、**「暗記」よりも「音読」に焦点**をあててください。

そして、ほめること。親にほめられて、親に認められて、子どもは自信をつけていきます。頭をなでたり、抱きしめたりといったスキンシップもすごく大切！

「よく読めたね、〇〇ちゃんすごい！」「がんばったね、明日もやろうね」と親がエールを送れば、お子さんのやる気はグンと上がります。

チェックはしても、テストはしない

すぐにテストしたくなるのは親と先生の性《さが》かもしれませんが、赤シートチェックはあくまで進行度合の確認であり、暗記できたかどうかのテストではありません。

テストすると思うと、子どもは「試されている」と感じて臆病になり、かえって暗記が進まなくなります。

できないことを探すより、できたことに目を向けるのがモチベーションアップの基本。

覚えていない単語探しではなく、覚えている単語のチェックと考えてください。

いまできなくても、あとで必ずできます。

一度やっておくと、どんなことでも心のハードルが下がり、次の挑戦がしやすくなります。ここを狙いましょう。

私語をせず集中して5分！ でも〝飽きる1分前〟にやめる

長時間ダラダラとやらずに短時間でテンポよく暗記するために、覚えている5分間は、親もお子さんも私語はガマン。

「あ～違うよ」という間違いの指摘や「そこはこう」という指示もなし。

まして、「英語の発音が違う」などという指摘はやめましょう。

お子さんがきつそうだったり、飽きそうな場合は、**〝飽きる1分前〟にやめます。**

飽きるまで待ってはいけません。

5分集中、これを耳、口、体で覚えましょう。

暗記セットで「すきま時間」を活用する

この暗記法は、**わずか5〜10分でできるため、毎日のすきま時間を有効活用できる**という大きなメリットがあります。

ところが、「なかなかそれができない」という声も多く聞きます。

その理由は、どこにあるのか。

それは**「教材が常に自分の手元にないから」**です。

「いま、暗記できる時間があるな」と思っても、単語帳が別の部屋にあって取りに行くのが面倒。近くに筆記用具がない。奥にしまい込んである教材を探すのに時間がかかる――そうこうするうちに、貴重なすきま時間はすぎていってしまう。なんともったいないことでしょうか。

そこでお勧めなのが**「単語暗記セット」**をつくってしまうことです。

といっても大げさなものではありません。

100円ショップに売っているようなプラスティックのカゴに、単語帳（『英検5級 でる順パス単』）や付属の赤シート、音声データ再生機器、時計かストップウォッチ、鉛筆、赤ペンなど、ここで紹介した暗記法に使うものを全部入れておけばOK（図15）。

カゴにはお子さんの「名前」と、「開始／終了予定の日付」を書きます。

（例：大分太郎 2017年5月1日〜7月31日終了予定）

その期間は、家にいる間ずっと、お子さんがそのセットをどこにでも持ち運べるようにします。

そうすれば、朝食を食べ終えたダイニングでママやパパと一緒に5分、玄関に置いておいて学校から帰宅したらママのいるキッチンに運んで5分。寝る前にベッドサイドで一緒に5分――ちょっとしたすきま時間にすぐ暗記できます。

慣れてきて音声データの再生さえできれば、お子さんひとりでもできるようになります。

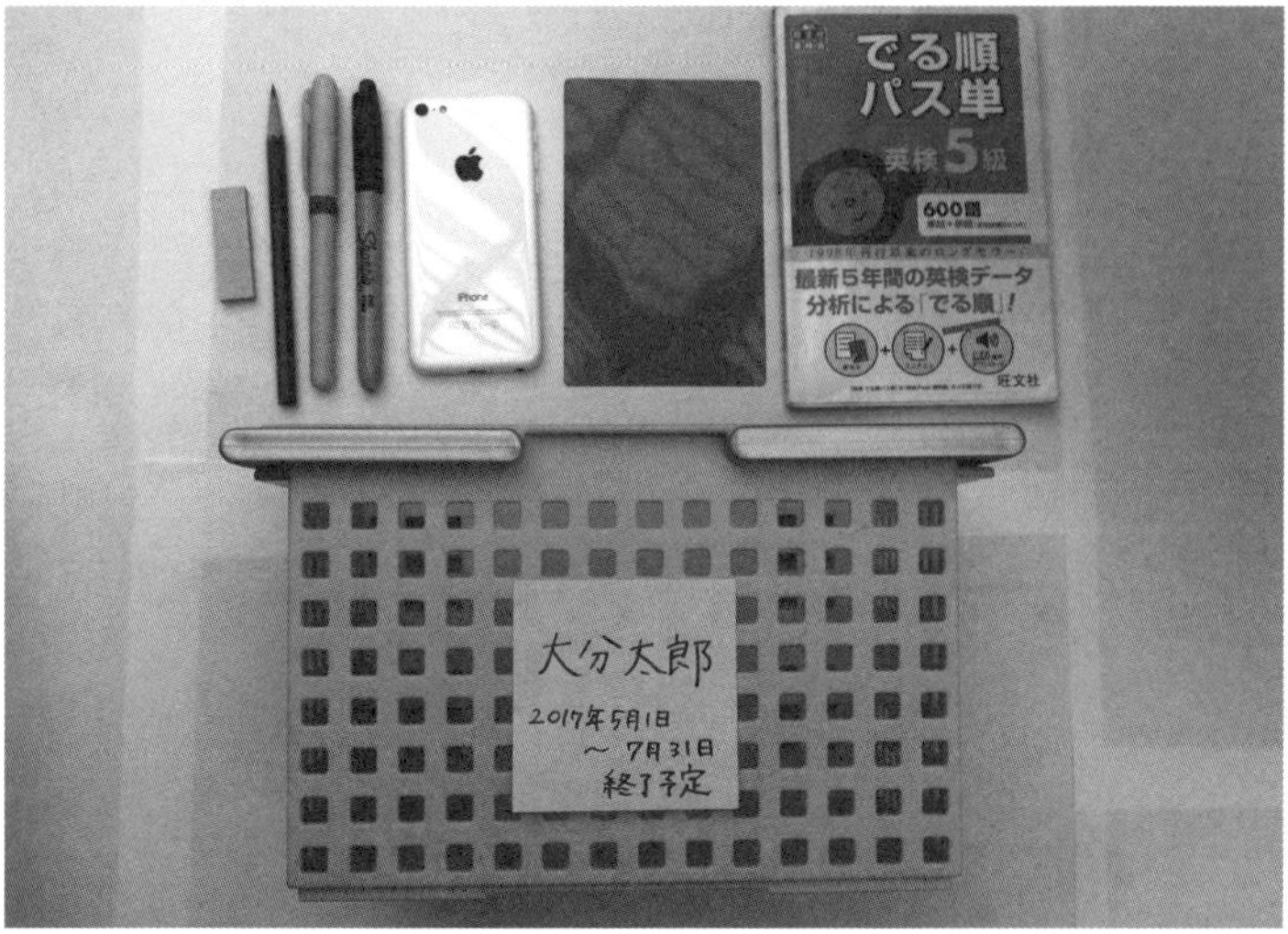

図15　「単語暗記セット」がやる気をかきたてる

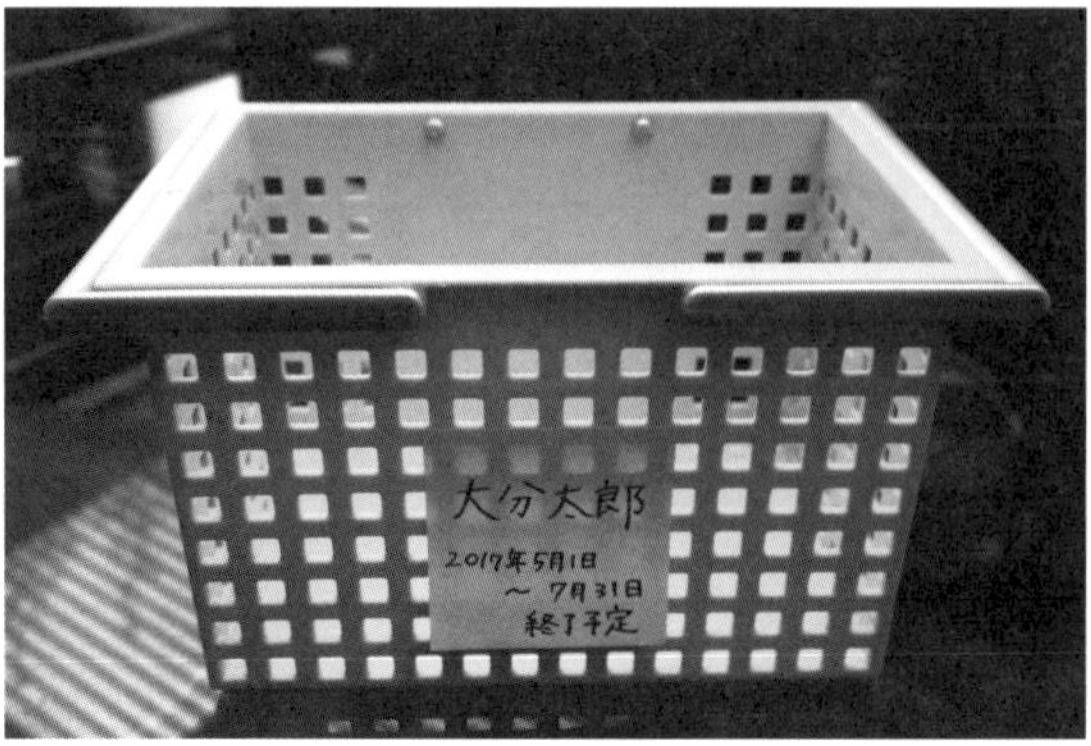

図16　家の中でどこでも暗記！この手軽さが継続につながる

実は、数か月もすれば、ひとりで発音の規則性を覚えて、音声データなしで勝手に読み始めます。

家の中で思いついたらどこでも暗記――そんなゲーム感覚で暗記する習慣がついてくれたらしめたものです（↓前ページ図16）。

3か月間やってみたけれど、600語のうち50語はまだ暗記できていない。目標をクリアできなかった。ウチの子はダメだ。そう考えてしまうかもしれません。

しかし、それは考えすぎです。

「3か月で1冊の単語帳を最初から最後まで読み切った」「中学1年間に覚える単語600語をたった3か月で終えた」など、親が子どもの年齢のときに比べたら、**すごい達成度**です。

しかも、600語すべてを覚えたとしても、誰だって時がたてば忘れてしまうもの。「この単語が覚えられなかった」「覚えたはずなのに忘れている」という経験をくり返すことで、覚えられなかった単語も、忘れてしまった単語も身についていくのです。

だから、**カンペキを求めなくていいのです。テキトーでいい**のです。

達成感は「自分からやろうとする意欲」につながります。

一度できたことは、次にくり返すときはグンとらくにできるもの。ひとつクリアできれば、次はもうひとつ上を目指したくなるものです。

英検5級レベルの600語がクリアできた子は、きっと「よし、次は680語（英検4級レベル）をやってみよう」と自分から思うでしょう。

この自発的なチャレンジ、自分からやろうと思う意欲が芽生えてきたらしめたもの。お子さんの単語力、英語力はグングンとアップしていきますよ。

巻末〝プレミアム特典〟10ページのハーバード生とジュリアード音楽院生が作詞・作曲・演奏する単語の歌「School Trip Song：遠足に行こう」の動画をぜひご覧ください。

歌と一緒に楽しく単語を暗記しましょう。

★動画4：ハーバード生とジュリアード音楽院生が作詞・作曲・演奏する単語の歌「School Trip Song：遠足に行こう」

http://dirigo-edu.com/movie

CHAPTER 5

小学生でも大学入試レベルがスラスラ読める「超・音読法」

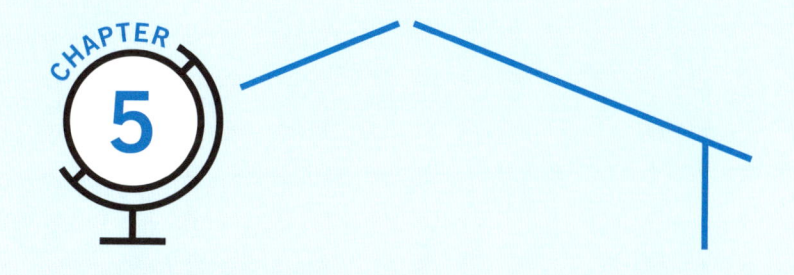

小さい頃から大量に英語に触れると、一石五鳥のハッピー好循環が起こる

英語を身につけるために必要なのは、とにかくたくさんの英単語や英語の文章に触れること。

英語は、何よりも**読めることが第一**です。聞くこと、話すこと、書くことより、まず読めることに意味があることをしっかり認識してください。

子どもたちが世界で通用する読解力を身につけるには、あえて最初から難しいことをします。

小さいから読めないのではありません。

大人が子どもの能力を過小評価して、ふさわしい教材を与えていないだけなのです。

小学高学年の段階で、大学入試レベルの長い英文が読めるようになれば、英語のエッセイ（作文）が書けるようになり、話せるようにもなるのです。

ABCの書き取りや、〝Hello! How are you?〟ではなく、**小さいうちからもっと大量に英語を読む**必要があります。**子どもはそれができますし、実はしたい**のです。

ですから、単語をらくらく暗記する習慣がついたら、次はとにかく圧倒的に大量の英語長文を読む。これを家庭でやると、圧倒的な英語力の伸びしろはもちろん、**国語力も比例してグレードアップ！** 世界の出来事に関心も生まれ、他の科目にも好奇心が湧き、家族でいろいろなテーマの会話も増える！ まさに〝**一石五鳥のハッピー好循環**〟なのです。

書き取りは時間のムダ、体力のムダ——大量の英文に触れたほうが得！

2歳児から幼稚園児までを対象にした英語教室では、アルファベットや簡単な英単語を書いて覚えるレッスンをしているところも少なくないようです。

しかし、**私はお勧めしません。**

なぜなら、幼児、特に小学校に上がる6歳までの子は、あまり力もなく、**筆圧が弱**

いからです。

筆圧が弱い子に書き取りをやらせても当然うまく書けませんし、すぐに疲れてしまいます。

すると、うまく書けないことが失敗体験となってしまい、英語学習そのものが嫌いになってしまうのです。幼児が多く集まる英語教室では、大騒ぎになってレッスンの収拾がつかなくなることもよくあるので、書き取りをやらせておけば静かになる。だから、やらせているという声も――。

そうした教室の姿勢も困ったものですが、ともかく**書き取りは時間のムダ、体力のムダ**だと認識しましょう。

中学生になったら、幼児が5分かかる書き取りは10秒でできます。

小さいうちは幼稚なものを書くことよりも難しいものを読む。読むことでたくさんの単語や文に触れたほうが、英語力アップに大きなプラスになります。

文法無視、和訳しない、ざっくり読む

英語の長文を読んで、次にそれを日本語に訳して、はい読めました――これは、学校英語の授業によくある光景ですが、英文を読むイコール「英語を日本語に訳す」という考え方が、日本では主流とされてきました。

でも、それが**大きな間違い**なのです。

「英文を読む」とは、文章を文法どおりに解析することではありません。書かれている内容をつかむことです。

単語の意味や役割を一から十まですべて読み解いて和訳していては、時間がかかるばかりで先に進めません。

ビジネスの契約書や国家の条約締結文書ではないのですから、多少知らない単語があっても、だいたいの趣旨が頭に入れば問題ありません。

文法を説明する時間があったら、大意をつかみながらどんどん先に進んだほうがい

いのです。

和訳しなくてOK。文法は無視してOK。

文法を意識しないほうが、かえって文章の文法構造がわかるから不思議です。

「ざっくり」読んだらさっさと先に進む。これが、お子さんの「英語を読む力」を高めるための必須条件。

まずは、親御さんがそのことをしっかり理解してください。

音読するだけで一石四鳥！「単語・読む・聞く・話す」の悩みがすべて解決

私が英語学習でとても重要視しているのは、「**ひたすら音読すること**」です。

それはなぜか。

音読には、英語を身につけるための多くのメリットがあるからです。

何よりも大きいのは、「**自分で発音した英語を、自分の耳で聞くことができる**」こと。

そして、そこからさらに次の**3つの効果**が生まれます。

1　暗記しやすくなる！

前章の「1日たった5分のらくらく単語暗記法」でも音読がポイントになっているように、黙読するより**音読して自分の声を自分で聞くことで、より記憶が強く定着**します。

2　英語の音に慣れる！

音読すると、**「聞く**（リスニング）**」「話す**（スピーキング）**」**の上達に大きなメリットがあります。

さほど難しくない英語なのに聞き取れなかったり、とっさに英語が口をついて出てこなかったりするのは、**耳と口が英語の音に慣れていない**からです。

英語には日本語にない発音がたくさんあるため、声に出していないと、**「外国語の音の連続」そのものに抵抗感**を覚えてしまうのです。

ですから英語を音読して発音し、自分が発音した英語を聞くことで、口も耳も一緒に英語の音に慣れさせることができます。

3 「英語を英語のまま理解する」習慣が身につく！

日本人が英文を黙読すると、どうしても頭の中で日本語訳しながら意味を考えて読んでしまいがち。

ついつい文法や構文に目が行ってしまいます。

でも、声に出して読む音読では、どんどん進んでいってしまうため、文法に迷っても頭の中で前に戻ったりすることができません。

そのため英文の流れのまま、文法や日本語訳を考えずに、**英語を英語のまま体で覚えることができる**のです。

このように、英語学習にとって音読は「いいことだらけ」。

読む力を身につけながら、単語の暗記も、聞く力も、話す力も鍛えられる〝一石四鳥〟なのですから、やらない手はありません。

しかも、**子どもたちは、大きな声を出す音読が大好き**。

前述のMちゃん、Sくん姉弟《きょうだい》は、初めて教室に体験レッスンにきて、幼稚園と小学低学年の子どもたちが一斉に高1レベルの長文を音読するのを聞き、「うわ、すごい。コーラスみたい！」「歌みたい、楽しそう！」と言いました。

だから、**英語を学ぶなら「音読」が一番**なのです。

「超・音読法」3つの技法——リピート、シャドーイング、オーバーラッピング

声を出して読む音読に、「聞く」要素をミックスした英語トレーニング法が3つあります。

それが、**「リピート」「シャドーイング」「オーバーラッピング」**です。

テキストを声に出して読む通常の「音読」と違うのは、テキストの音声（リスニングCDなど）を使うことです。

それをそのままマネして言うのが、これら3つのトレーニング法の特徴になります。

やり方は次のとおりです。

- **リピート**……英語の音声を聞いた「**あと**」に音読で再現
- **シャドーイング**……**英文を見ない**で、聞こえた英語を「即座」にあとについてマネして言う。文字どおり、影のように音声のあとについて音マネをする

● **オーバーラッピング……英文を見ながら、**聞こえてくる英語の音声と**「同時」に**音読する

これが音読を超える**「超・音読法」**の3つの基本スキルです。

「超・音読法」により、「聞く力（リスニング）」と「読む力（リーディング）」を同時に鍛えられます。

これらのトレーニングを実際に行っている3分ほどの動画を用意したので、ぜひ以下のURLをご覧ください。

★動画2：「超・音読法」3つの技法――「リピート」「シャドーイング」「オーバーラッピング」

http://dirigo-edu.com/reading

親子で楽しくらくらく「超・音読法」

ここからは読むレッスンの実践です。

英語学習の基本は「暗記」です。

「暗記」なしに、いきなり作文・ディスカッション・交渉などの授業はありえません。たくさんの単語を暗記するほど英文が読めるようになるのと同様に、たくさんの英文を暗記するほど多くの英語表現が身につきます。

逆に言えば、大量の英文を読んで暗唱できれば、そこに出てくる単語や文法なども根こそぎ覚えられ、**自分を表現する最強ツール**になるわけです。

私が常に言っている「文法は無視する」とは、たくさんの英文を覚えることで出てくる文法や構文などを意識せずに丸ごと覚えてしまえばいい、ということなのです。

単語を覚えるのが苦手だったという前述のYくん（小２）が、**英検準２級**（高校中級程度）に合格する単語力を身につけられたのは、１週間で単語１００語の暗記に加えて、**並行してやった「英文を読んで暗記する」課題の効果**も大きかったといいます。英文を読んで知らない単語に出くわしても、その文章を丸ごと覚える過程で、単語の意味も一緒に覚えることになります。**英文を大量に覚えることで、Yくんは英検準2級の読解力を身につけ、さらに単語力の底上げ**にもなったのです。

ここからはみなさんの番です。読んで、覚えて、暗唱する。まずは、初学者でも敷居が高くなく、お子さんが楽しめる絵本を教材にして、らくらくレッスンを始めましょう。

たった5分！ 英語の絵本が家庭でらくらく読める「超・音読」レッスン

●目標
1か月でアメリカの小2レベルの絵本を音読・暗唱する

ここでは1か月で、アメリカの4歳から小学2年生向けの絵本を読んで、英文を暗記し、本を見ずに暗唱できるようになることを目指します。

アメリカの小2レベルの絵本の英語は、日本の中学の英語副読本として採用されている英語レベルとほぼ同等。

ですから、その絵本がスラスラ読めるようになれば、日本の中学3年生の教科書だって読めてしまうことになります。

●教材

〝Frog and Toad Are Friends〟by Arnold Lobel（HarperCollins）から〝The Letter〟（全12ページ）

●期間

1章全12ページを4分割して、1週間に3ページずつ進めます。
↓
1週間に5日、同じ3ページを音読します。翌週は次の3ページに進みます。
↓
すると、4週間で全12ページをひとりで音読できるようになります。
1日たった5分です！　歯磨きのように習慣化してやってみましょう。

始める前の注意❶
——日本語で「シャドーイング」に慣れる（無料動画付き）

前述のように、「シャドーイング」とは、英語の音声を聞いて「即座」に、その文章を**あとから「影のように」追いかけて、重ねるように音読する**英語学習法です。

このレッスンでも、英語の絵本を「シャドーイング」しますが、英語で「シャドーイング」する前に、まずは日本語で「シャドーイング」とはどんなものか、練習してみましょう。

題材は、お子さんの好きなテレビアニメや動画サイト（日本語のもの）でOKです。登場人物のひとりにターゲットを絞って、画面を見ながらその人がセリフを話したら、それを重ねるようにマネします。

もっとやりやすいのは、ニュース番組。アナウンサーが動かないので、マネしやすいです。

聞き終わってからではなく、そのセリフに少し遅れて重ねるように言うのがポイント。

ここで大事なのは、**言葉の意味を考えず、単なる「音」として聞く**こと。

意味を考えていると、あっというまに相手の声は進んでしまいます。

耳に入ってきた音を、そのまま再現する。そのことに集中するのがコツです。

最初は戸惑うかもしれませんが、何度もやって慣れてくると、徐々にできるようになります。

わかりやすいやり方を3分ほどの無料動画にしてサイトにアップしました。

お子さんと動画を見てコツをつかんだら、親御さんも一緒にチャレンジしましょう。

★動画2：「超・音読法」3つの技法——「リピート」「シャドーイング」「オーバーラッピング」

http://dirigo-edu.com/reading

始める前の注意❷
──日本語と絵でストーリーをおおまかに把握

いきなり英語で読んでも、何が書いてあるか理解するのは難しいはず。絵本に日本語訳がある場合は、どんなストーリーなのか概要を知るために、**先に一度、日本語版を親子で一緒に読み**ましょう。

英語の絵本は、日本語に訳されて出版されていることが多いので、ぜひ書店で見つけてみてください。日本語版がないときは、絵を眺めるだけでも話の理解にとても役立ちます。

【音読・暗唱ステップ1】文章は見ない！ 音声だけで「シャドーイング」

では、朗読CD付きの英語の絵本〝Frog and Toad Are Friends〟（↓199ページ図17）でやってみましょう。

ただし、ここではまだ絵本の文章は読みません。

まずは、**文字なしで音声を聞いて重ねて復唱する「シャドーイング」**にチャレンジします。

手順はこうです。

①絵本を閉じたまま、音声データを再生します。

②聞こえてきた英語をマネて、すぐに重ねるように復唱します（シャドーイング）。

ストーリーを追いかけたり、文章の意味を考えたりしないこと。

英語の「音」を聞いて、再現することに集中しましょう。

「2メートル先に声を飛ばす」ようなイメージで、元気に声を出してください。

③最初はできなくて当たり前。でも、**そこで立ち止まらない**のがルールです。**気にせず、止まらず、ひたすら聞いて、どんどん声に出して**いきましょう。全然聞き取れなかった、音声に追いつけずグダグダになった——何の問題もありません。**40％できたらカンペキ**と思ってください。20％でもすごいです。

④1章分の「シャドーイング」が終わったら、お子さんをほめてあげてください。「どれくらいできたか」よりも、「1章12ページを〝シャドーイング〟でやりきった」ことが大事。そこをほめます。

【音読・暗唱ステップ2】音声ありの絵本を見ながら「オーバーラッピング」で〝音読＆なぞり読み〟

ここでいよいよ英語の絵本を開きます。

音声を聞きながら、それに合わせて絵本の文章を、**「オーバーラッピング」しながら「なぞり読み」で音読**します。

※「オーバーラッピング」＝英文を見ながら、聞こえる英語音声と同時に読むこと

※「なぞり読み」＝左から右に指でスペルを追い、音読しながら、読もうとする文字を指し示すこと（↓161ページ）

〝Frog and Toad Are Friends〟の中から、〝The Letter〟を使います。

小学低学年の国語の教科書には、**「がまくんとかえるくん」**として登場しますので、読んだことのあるお子さんも多いでしょう。これには、**5つの手順**があります（↓198～199ページ）。

❶絵本は、「超・音読法」の3つの技法のうち、**「シャドーイング」と「オーバーラッピング」**を使います。まず、音声データを再生します。付属のCD、YouTubeなどを利用します。

❷**本を開かず、英文を見ずに流れる音声を「シャドーイング」**します。音が聞こえたら、すぐにマネして声に出します。最初は単語の意味などまったく考えずに、**単なる音としてとらえる**のがコツです。

❸次に、本を開いて、英文を見ながら**「オーバーラッピング」**します。ここで「なぞり読み」が登場します。指で文章をなぞり、読んでいる文字と音を確認しながら音読します。**なぞることで指先に神経が集中して、「目からも」覚えられます。**

★「なぞり読み」の上手なやり方

指で、左から順にスペルを追い、音読しながら読もうとする文字を指し示します。

ピアノの譜面読みのように、出てくる音の次を目で追います。

（耳で音声を聞く）“Yes,” said Toad.

（指でなぞり、目で確認）（左からなぞり指）

（口で音声データと同時に音読）“Yes,” said Toad.

この要領で最後まで進めます。

❹これも最初はできなくて当たり前。でも、**止まらずにどんどん進めて**いきましょう。

❺お話は全部で12ページ、1週間に3ページずつ、4週間で12ページを終わらせます。毎日3ページ分の「オーバーラッピング」が終わったら、お子さんをほめてあげてください。「どれくらいできたか」より**「1章を読み切った」**ことが大事。そこをほめてあげましょう。

◆ “音読＆なぞり読み” 5つの手順

図17　〝Frog and Toad Are Friends〟(HarperCollins)

図18　〝Frog and Toad Are Friends〟を「なぞり読み」中

【音読・暗唱ステップ3】音声なし、お子さんだけで〝5分音読&なぞり読み〟

各週最終日の5日目は、いよいよ**音声データを消して、お子さんだけで読む**ステップになります。手順はこうです。

①絵本の最初から3ページを、**指でなぞりながら音読**します。
②読めないところは飛ばしてOK。**先に進む**ことが大事です。
③最後まで読み終えたら、頭をなでて、抱きしめて、**おもいっきりほめて**あげましょう。

週に4日「シャドーイング」と「オーバーラッピング」をくり返したことで、お子さんの「読む力」と「聞く力」はかなり鍛えられています。

毎日5分を週3日、それを4週間続けると、1か月後にはお子さんは、その絵本を最後までひとりで音読できるようになります。

さらに、全12ページのうち数ページは、もう暗記しているでしょう。

常に覚えていてください。

あなたのお子さんは、親であるあなたが思っている数倍も賢いということを。

私は、3000人の子どもたちを見てきた経験からそう断言できます。

【音読・暗唱ステップ4】親の前で絵本を見ずに「リビング」で発表会！

そこで最終仕上げに、ママやパパの前で読み聞かせをしてもらいます。**開始してから1か月後、親の前で絵本を見ずに暗唱にチャレンジ**してもらいましょう。

①本を見なくても言える部分は暗唱し、覚えていない部分は見ながら音読します。**リビングをステージに見立てて発表**してもらいましょう。

②音読&暗唱が終わったら、**大きな拍手とスタンディングオベーション！** そしてハグでその成果をほめてあげましょう。お子さんの中に〝大きな達成感〟が芽生え、次のお話が読みたくなってうずうずしているはずです。

紹介したお勧め教材の英語は、**日本の私立中で使っているテキストとほぼ同じレベル**。つまり、お子さんはすでに、**そのレベルの英文をスラスラと読んでいる**ことになります。

すごいことだと思いませんか？

このレッスンで、テキストのレベルを上げながら英語の読む力を鍛えると、**2年もすれば、小学生でも大学入試レベルの英文が難なく読める**ようになります。

巻末〝プレミアム特典1〟の「ハーバード生がつくったオリジナルストーリー」を使って、絵本の読み方を解説している動画をご覧ください。そして、ぜひご家庭でお試しください。

★動画3：たった5分！　英語の絵本が家庭でらくらく読める「超・音読」レッスン

http://dirigo-edu.com/reading

子どものモチベーションを育む親の6つの心得

間違いを指摘しない

お子さんの音読を聞くとき、**途中で発音や間違いを指摘したり、止めたりしないこと**が大事です。中学英語の申し子だった親御さんの場合、親の指摘のほうが間違っている可能性もあります。

それに発話のフロー（流れ）を止めるのは、実際のコミュニケーションの場面ではあってはならないこと＝非礼にあたります。

「○○しなさい」と指示したり、間違いを正すのではなく、**「ここは口の動きが日本語と違うんだね」「もう一回、一緒に音声を聞いてみようか」**など、本人に気づかせるような言葉がけが大事です。

笑顔で聞いて、おもいっきりほめる

「ママ、読むから聞いて！」――上手に読めるようになってくると、お子さんは自分からアピールしてきます。**ここです、大事なのは！**

すぐに、「じゃあ、聞かせて」と笑顔で聞いてあげてください。

親がうれしそうに聞いてくれると、子どものやる気も楽しさも倍増。ますます張りきって読んでくれます。

そして読み終わったらほめて、抱きしめる。**間違いは聞かないふりでOK。「すごいじゃない、上手に読めたね」のひと言と、スキンシップが次回への意欲**になります。

同様に、「シャドーイング」や「オーバーラッピング」が上手にできなくても、「英語を読めているじゃないの、○○ちゃん、すごいわ！」とほめてください。

目標の1か月以内に暗唱まで行きつかなくても、「ママが子どものときはABCの歌を歌うくらいで、英語の本なんて読めなかったから、**○○ちゃんの挑戦は本当にすごい！　明日もやろうね**」と手放しでほめてあげましょう。

親も勉強に参加する

人が幼少期から自然に習得する言葉を「**母国**《ぼこく》**語**《ご》」と言い、英語ではどちらも **〝mother tongue〟** と書き表されます。

私はこれを「**言葉は母親と一緒に学ぶもの**」とも解釈できると思っています。

「覚え始めたばかりの教材を『読んでみて』だとうまく読めないけれど、『ママも一緒に読むね』と言うとがんばって読みます。**一緒に読んでいるうちに、だんだん耳も目も頭もフル回転し始めて、気がつくと自分でどんどん読んでいる**んです」

そう語るのは、**教室に通い始めて7週間で英検5級レベルの英語力**を身につけたMちゃん（小3）のお母さん。親御さんも、「自分はできないからやらない」という考えを捨てて、**一緒に絵本を音読**しましょう。

お子さんの心に「ママ（パパ）と一緒に学んでいる」といううれしさが湧き起こり、それがモチベーションにつながっていきます。

「がんばりなさい！」と言葉で命じるより、ママ（パパ）が寄り添って絵本を読んでくれているほうが、子どものやる気が10倍になるのです。

お風呂で「牛乳パックの」裏を活用した楽しい音読法

英語のレッスンは毎日の積み重ねが大事。いかにお子さんに英文を読むことを「楽しい」と思わせるか、「今日も読みたい」と思わせるか。親御さんには、そうした家庭の環境づくりが求められます。

私の教室でも成果を挙げている子の家庭では、親御さんがさまざまな工夫をされています。たとえば、小2で英検準2級に合格したYくんのお母さんは、**牛乳パックを開いた紙の裏に油性ペンで絵本の内容を書き写し、お子さんとお風呂に入りながら一緒に音読**したといいます（図19）。

牛乳パックは耐水性が高くお風呂でも破れないのだとか。お母さんの音読音声に合わせて、**2人で指を差しながら音読**するそうです。

お風呂でキャッキャ言いながら、**遊び感覚で楽しく読む練習**ができる――ステキなアイデアですよね。

ドーンと大きな文字で見せる

私がすみれに英文を読ませたときは、**絵本の英文を模造紙に大きな文字で書き写して**、最初はそれを教材にしました。

子どもは小さい文字より、**ドーンと大きい文字を読んだほうが頭に入りやすい**のですね。インパクトがあって見た目も楽しいですし。だから**絵本の文章はすべて拡大し**

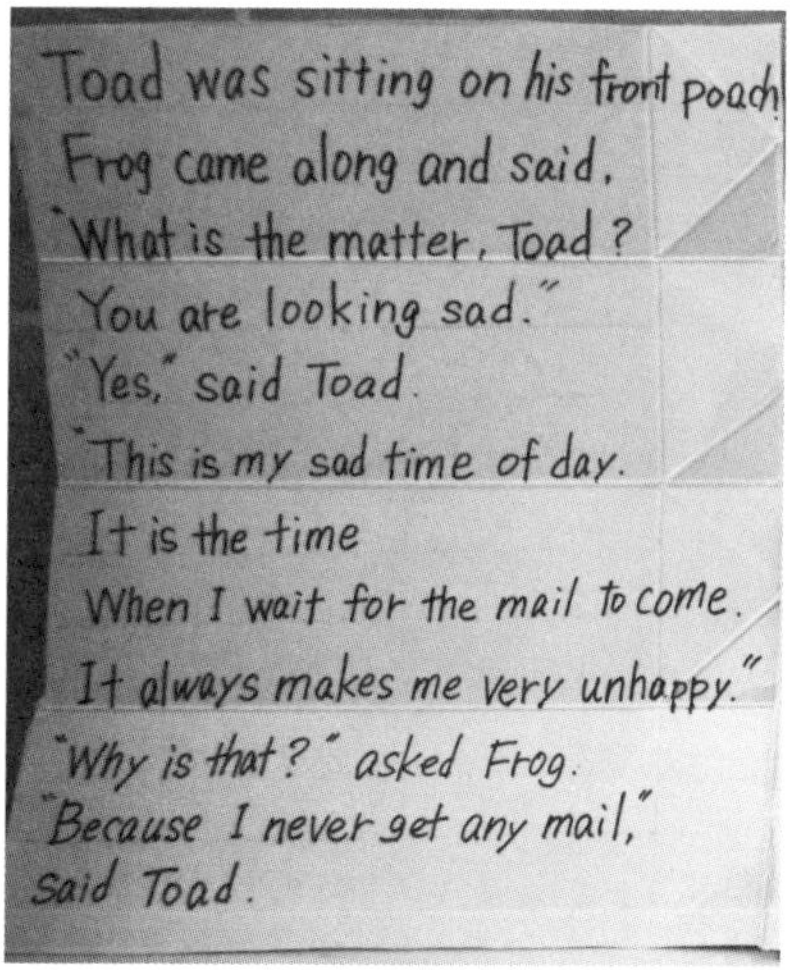
Toad was sitting on his front poach.
Frog came along and said,
"What is the matter, Toad?
You are looking sad."
"Yes," said Toad.
"This is my sad time of day.
It is the time
When I wait for the mail to come.
It always makes me very unhappy."
"Why is that?" asked Frog.
"Because I never get any mail,"
said Toad.

図19　牛乳パックの裏を利用して、お風呂で楽しく絵本を音読！　親子で英語が得意になる

"Yes," said Toad.
"This is my sad time of day.
It is the time
when I wait for the mail to come.
It always makes me very unhappy."
"Why is that?" asked Frog.
"Because I never get any mail,"
said Toad.
54

"Yes," said Toad.
"This is my sad time of day.
It is the time
when I wait for the mail to come.
It always makes me very unhappy."
"Why is that?" asked Frog.
"Because I never get any mail,"
said Toad.

図20　手書きは大変なので、ドーンと拡大コピーでOK

たのです（↓207ページ図20）。

朝のラジオ講座を家族で楽しむ

「シャドーイング」や「オーバーラッピング」に必要な英語の音に慣れるために、**家族で毎朝15分間、「NHKラジオ基礎英語」を聞くことを日課**にしているのは、**小4で英検2級に合格**したTくんのお母さん。

ご両親と3人のお子さんの家族全員で朝ごはんを食べながら聞くのだとか。

朝起きると、誰かがラジオのスイッチを入れるのが家族の習慣だそうです。

考えてみれば、日本語だって子どもは親の言葉や発音を聞いてマネをしながら、知らぬまに身につけていきます。英語だって同じことなのです。

日本語環境の中で英語を学ぶには、英語環境を擬似的につくらなければなりません。かといって、家庭の教育方針や、習い事やスポーツなどのスケジュールの都合で、子どもたちが全員、イマージョン（毎日英語漬け）の教育機関や保育園・幼稚園に行くわけではありません。

ここで紹介した**「家庭でらくらく超・音読法」**なら、**最も手っ取り早く英語擬似環境**をつくれます。

CHAPTER 6

ハーバード生がつくった英文をマネれば、英作文も子どもに教えられる

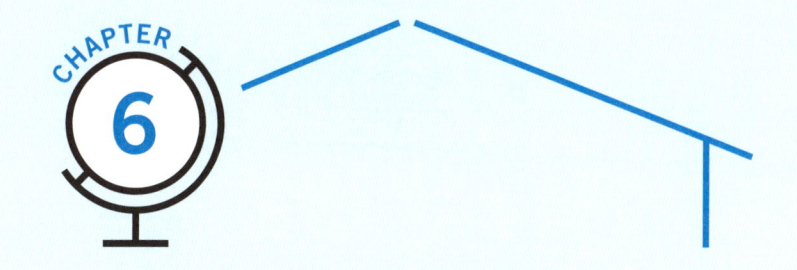

なぜ、親が「書く力」を学ぶのか？

プロローグで私は、「私の教室で成果を挙げている学習法は、好循環となって家族みんながハッピーになるメソッド」と述べました。

「音読する子どもの隣に座っているだけで、英語が好きだった頃の自分を思い出してうれしくなる」

「2020年には、実は親も英語ができていたほうがいいのではないか」

「子どもは短期間で単語帳を次々と更新している！　親の私はこのまま追い越されるのかと思うと……」

など、親御さんの声はさまざまです。

英語嫌いな親御さんであっても、英語がまったく読めない人は少ないでしょう。

ここでは、あえて英語4技能の中で最難関とされる「書く」に挑戦していただこうと思います。

自分の思いや意見を伝えるためには、話すか書くか、2つしかありません。英語を話すよりも書くほうがあとで修正がいくらでもきくので、**実は日本人にとっては、らく**なのです。

大丈夫です。基本だけをしっかり身につける方法なので、誰でもできます。

まず、親御さんが「書く力」を身につけ、基本をマスターしたあと、お子さんに教えてあげましょう。

何？　仕事で忙しいからできない？　いえいえ、それは子どもだってすごく忙しいのです。子どもも常に親や学校、社会からプレッシャーを受けています。

自分のため、わが子のため、昔習った英語に磨きをかけて、ここで楽しみながら「書く力」を一新しましょう。

英作文とは〝英借文〟！「暗記」が命

英語4技能の中でも、最も難易度の高いのが「書く」という技能です。

そもそも、日本にずっと住んで日本語を使う日本人が「ゼロから自分で考えて英文を書く」のはほぼ無理と言っていいでしょう。

本格的に英語を勉強してきた大人ですら書けないのですから、英語を学びたての子どもにできるはずがありません。

ではどうすればいいか？――その答えもやはり「暗記」にあります。

英語学習では、「英作文は**〝英借文《えいしゃくぶん》〟**」とよく言われます。

英作文をするには、最初からすべてを自分の頭からひねり出すのではなく、ネイティブが書いた英文のどこかにあるものを**〝借りてきて〟**、その内容を自分の言いたいことに置き換える。これが〝英借文〟の考え方です。まさにそのとおり。

あらかじめ正しい英語で書かれている例文（テンプレート）を覚えておいて、それをアレンジすればＯＫ。英作文はそれで十分なのです。

つまり、**どれだけ大量の例文（テンプレート）を覚えているか**。英語を書く力は、そこにかかっています。

だからこそ、暗記が重要なのです。

大量の「例文ストック」で子どもの目が輝きだす

よく「芸術は模倣から」と言います。

また、小説家になりたければ、まずすぐれた小説をマネろ、作曲を覚えるにはまずたくさんの曲をコピーしろと言われます。英語もまったく同じです。

英検の英作文テストでは、実際に英検3級で25～35語、2級で80～100語、1級で200～240語の英作文が出題されますが、自分で英語の文章が書けるようになるには、まず「お手本」が必要です。

お手本となる正しい例文を、マネて暗記して自分のものにし、そこから初めて「自分で自由に書く」ステップに進めるのです。もちろん、書くには「読む」がつきものです。

洗練されて中身のある文章を毎週読んでいるからこそ、自分が書くときに読んで覚えた表現法や単語を使って表現できるのです。

私の英語教室でも、毎週1回75分のレッスンに必ず「英作文指導」を取り入れています。

書くという行為は、語学学習において究極の洗練されたアウトプットだからです。

そこでも小さいお子さんの学習のメインは例文の暗記と暗唱。

数か月たつと、徐々に自分の体験の引き出しも増え、**この教室は何を言っても叱られない場所＝ストレスフリーと気づき、どんどん自分の言いたいことが書ける**ようになります。

最初は、毎回、内容の異なる例文を用意し、ところどころに（　）で空欄をつくり、それぞれが自分の言いたいことで穴埋めして暗記・暗唱する。暗唱できたらそれをノートに書きます。

英作文をするときには、こうして頭の中の引き出しにストックした大量の英語表現をアウトプットし、一語一句組み合わせて構成していけばいいのです。

とにかく英語学習初期のライティングに大事なのは、**大量の英語例文、英語表現を**

丸暗記してストックすること。これに尽きます。

インプットしておかなければ、何のアウトプットもできないのですから。

例文のストックが増えて英文の組み立て方が自然に身につき、少しずつ応用ができるようになると、英作文はグンと楽しくなってくるもの。


私の教室でも、つい数週間前に英語を始めたばかりの子どもたちが、**「英作文が好き」「自分のことを書くのは楽しい」と目を輝かせて**います。

英作文を楽しくするのも、例文を暗記してこそなのです。

穴埋め問題で、比較的長い例文を覚える。例文を音読して覚え、穴埋めして〝自分用〟にアレンジして暗記・暗唱し、最後にノートに書きます。

親もらくらく！ ハーバード生がつくった英文をマネて覚えるだけ

本書の例文でチャレンジしたあとは、問題集や、構文の例文を集めた参考書などの例文を覚えましょう。

①例文を音読&「なぞり読み」

ここでは、**「My Typical Day（私の1日）」**について英作文を書きます。

とても書きやすいお題です。

まず、例1を音読と「なぞり読み」をして頭に入れます。

次に、この例文の一部を（　）や下線で空欄にし、そこに自分の好きな言葉を英語で穴埋めします。

【My Typical Day】穴埋め作文練習問題

あなたの1日について記入してください（次ページ）。知らない単語はとりあえず日本語で穴埋めしてもOKです。

ポイントは、必ずしも**本当のことを言わ**

例1　例文を音読&「なぞり読み」

【My Typical Day】

I wake up every day at 6 am. I first get dressed and brush my teeth. Then I eat breakfast with my family. Then I take the bus to work. I have work from 9am to 5pm. After work, I go home and cook. I have dinner at 7pm and then go to bed at 11pm.

【私の1日】

私は毎朝6時に起きます。まず着替えて歯磨きをします。それから家族で朝食です。それからバスで仕事に行きます。仕事は午前9時から午後5時までです。仕事を終えると、帰ってごはんをつくります。夕飯は午後7時で、午後11時に寝ます。

なくてもいいところです。

英語だからと、やみくもに個人情報をさらけ出さなくても大丈夫です。

英語の文章を覚えるつもりでやってみましょう。

ここで穴埋めした英文全体を音読と「なぞり読み」で暗記します。

覚えにくい場合は、各センテンスの冒頭部分だけをメモしておいて番号を振ります。それを見ながらでも結構です。

1. I wake up
2. I first
3. Then I
4. Then I
5. I have
6. After work
7. I have

②暗記できたら声に出して暗唱

穴埋めした自分用の文を暗記・暗唱するというやり方は、「英語を話す」（↓230ページ）の自己紹介と基本的には同じです。

【My Typical Day】

I wake up every day at ________. I first ______________.
Then I eat breakfast with ________.
Then I ______________________________________.
I have work from ________ to ________.
After work, I go home and ________.
I have dinner at _______ and then go to bed at ________.

例2　ハーバード生がつくった英作文例題

【My Favorite Season】

My favorite season is spring. I like spring because it gets warm, the trees and flowers blossom, and baby animals are born. I look forward to spring all winter, because when it is cold outside I imagine being warm and happy in the spring. In the spring, I like to have picnics, lie in the grass, go hiking, and play outside. The only thing I don't like about the spring is that I am allergic to spring pollen. That means I sneeze a lot in the spring!

【私の好きな季節】

私の好きな季節は春です。あたたかくなり、木々が芽生え、花が咲き、動物の赤ちゃんたちが産まれるからです。寒い冬の間は春のあたたかく幸せな様子を想像しながら、ずっと春の訪れを待ちわびています。春にはピクニックに行ったり、草の上に寝転んだり、ハイキングしたり、外で遊んだりします。ただ、私は花粉症なので、春はくしゃみが出ます。それだけが悩みです。

前述の例1を見事クリアした方は、今度は例2の本物の英作文に挑戦です。

これは、**ハーバード生が作成した〝My Favorite Season（私の好きな季節）〟の英作文例題**です。

春がどんなにステキな季節かについて、平易な単語だけで表現力豊かに書いています。

英作文はマネが基本ですので、まずは、ハーバード生の例文をよく読んで、そのまま〝英借文〟できるところをマネして暗唱します。**最初の2文を音読**して覚えましょう。ハーバード生の自然な英語をそのまま声に出すことで、自分のものにしてしまいましょう。

親の脳が変わり、子育てが本当にらくになる！

英作文の暗記ができたら、ぜひ**お子さんの前で発表**してください。

最初の1文だけでも、ハーバード生の自然な英語をそのまま声に出すことで、自分

のものにしてしまいましょう。

子どもは親の好きなものは大好き。学ぶ親の姿にも魅《ひ》かれるものです。

そして、日本語でも英語でもいいから、こう問いかけてみてください。

「○○ちゃんの好きな季節は？」

「それはなぜ？」

こうして親子の会話が楽しければ、すぐに作文もできるようになります。

あるお母さんがこうおっしゃいました。

「親は子どもが読み間違えたり理解していないことに気を取られて楽しむことを忘れてしまい、イヤになったり怒ったりしてしまいます。**この家庭学習法で、親の脳がすっかり変わり、子育てが本当にらく**になりました」

こうして、少しでも多くの子育て中のお父さん、お母さんに、「一流の英語」の基礎を家庭で身につけながら、好循環でハッピー、家族円満ですごしていただけたら最高です。

CHAPTER 7

家庭で英語の「1分間スピーチ」が得意になる方法

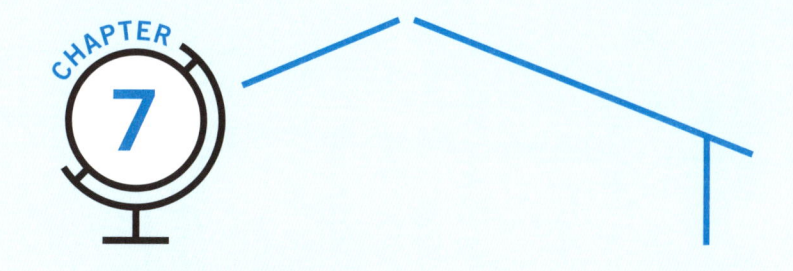

TOEFL&英検に完全対応!1分間英語表現レッスン

いよいよ英語4技能の最後が「話す」です。本来は、英語4技能で最も難しい「書く」が最後ですが、本書では、家族全員が仲よく取り組める「話す」をラストにしました。

ここでの制限時間は、「TOEFL」のスピーキング問題の形式と同様、**15秒で考え、45秒でスピーチする計1分**となります。

TOEFLは、英語のコミュニケーションに必要な「読む」「聞く」「話す」「書く」の4技能を総合的に測定するもので、留学の英語資格になるのはもちろん、日本の大学入試の一部にも採用されています。

4技能のうちスピーキングテストは、パソコンを使用し、モニター画面に映し出された問題を見て、**15秒で考え、45秒間でマイクに向かって英語で答えます。**

日本の全国学力テストの中学校英語も、4技能のうち「話す」は、今後、こうやって録音して採点されるそうです。全国統一の大学入試（2020年から始まる大学入試新共通テスト）もTOEFL形式になる日は近いかもしれません。

問いに対して15秒で考えをまとめ、45秒で話すわけですから、制限時間はたったの1分。

この練習をまず「日本語」でしておくと、そのままTOEFLのスピーキングテスト対策にもなりますし、将来、子どもが日本語でプレゼンするときにも非常に役立ちます。

英語はあと！　まず「日本語B」で、いつでもどこでも1分トレーニング

ここでは、「15秒で考え、45秒でスピーチ」を、まず「日本語B」（↓第3章）で、できるようにします。

「英語で45秒スピーチ」と聞くと、「無理～」となりますが、日本語なら英語に比べ

てややハードルは低くなります。

「結論が先」「必ず理由」「事実を描写」という論理的な「日本語B」の練習と割り切って、「日本語B」でTOEFLスタイルの「1分間スピーチ」に慣れておけば、あとは英語に置き換えるだけなのでらくです。

将来、英語でチャレンジする際のハードルがかなり下がります。

日頃、子どもも親も自分の意見を声に出す機会は意外と少ないので、実はとても楽しいタスクです。

しかも、**たった1分で、いつでもどこでもできる**ので、きつい勉強をしている感覚はまったくありません。

私の英語教室やセミナーでの例を紹介しましょう。

質問：「あなたがビジネスを始めるなら、どんなことをしたいですか？」

「はい、シンキングタイム。15秒考えましょう」

そして15秒後に、45秒で発表します。

●幼稚園児のSちゃん

「私はパン屋さんを始めます。理由は、私はお母さんと一緒にパンをつくるのが好きだからです。いろいろなおいしいパンを焼いて、みんなに食べてほしいです」

●小学生のYくん

「ぼくは宇宙旅行会社を立ち上げます。なぜなら、ぼくは宇宙に興味があって星を見るのが大好きで、いつか絶対に宇宙に行きたいと思っているからです。それにロケットの技術も進んでいるので、これからは宇宙に行きたい人が増えて、宇宙旅行を企画すればお金が儲かると思います」

このレッスンで重要なのは、ものごとを論理的に考えてまとめること。**「結論」と「理由」を明確にして話す**こと。そしてそれを、**TOEFLの「15秒＋45秒」というフォーマット**でできるようになることです。

まずは日本語でやってみる。そして「15秒＋45秒＝1分」というTOEFLスタイルの時間配分の感覚を体で覚える。こうして英語でスピーチをするための「素地」をつくっておけば、**一石二鳥**です。

お母さんもお父さんも、ぜひ一緒に挑戦してみてください。

親は「オチ」を入れたり、ジェスチャーを交えたり、プレゼンらしい姿を子どもに見せるのもありです。

きっとやみつきになりますよ。

家庭でらくらく1分間スピーチ――英検にも対応！TOEFL式「15秒で考え、45秒で発表」

●目標

自分の考えを15秒でまとめ、45秒で「日本語で」話す。

TOEFL iBT®テストスピーキングセクションの独立型問題が「日本語バージョン」でできるようになる。

●期間

特に設定しない。

●ペース

「水曜の夕食後」とか「日曜の午前中」など、およその曜日や時間帯を決めます。

普段の家族の団らんタイムに組み込んで、**リラックスした雰囲気**で行います。

1日たった5分だけ。その間に2〜3つの課題を行います。

●手順

①まず、出題者がお題を振り、回答者は答えを15秒間考えます。

「用意、スタート！」とかけ声で開始。ストップウォッチやタイマーで時間を計りましょう。

②**15秒**たったら終了。「シンキングタイム、終了！」

③答えを日本語で、**45秒**で発表します。

「では発表してください。どうぞ！」

ここでもきっちり時間を計ります。

（1分間スピーチの例）

お題：あなたの嫌いなものは何ですか？　それはどうして？

「私は雷が嫌いです。理由は2つあります。

ひとつはピカッ、ゴロゴロととても大きな音がして怖いからです。

もうひとつは、雷が落ちたら大ケガをするかもしれないからです。

だから私は雷が嫌いです」

④45秒経過したら終了。「はい、そこまで」とひと言。

⑤たとえ時間が余っても、時間がオーバーしてもＯＫ。上手にまとまっていなくて

もOK。お子さんのチャレンジをほめてあげましょう。45秒の感覚をつかめさえすればOKです。

あくまでも、オープンマインドで、何を言っても誰も笑ったりせず、できなくても問題ない。ギャグを入れてもOK、楽しくやって子どもを100%肯定します。

100%子どもを肯定できる親は、自分自身も肯定できている最強の人間です。

ノートに書いて整理整頓すると、ハーバード生のような「要約力」がつく

1分間スピーチのお題の例は下記のとおりです。

- 一番好きな食べものは何ですか？　それはどうして？
- 学校で好きな先生はどの先生？　それはどうして？
- 1週間で一番好きな曜日は何曜日？　それはどうして？

- 夏休みにやりたいことは何ですか？　それはどうして？
- 田舎と都会はどっちが好き？　それはどうして？
- 大人になったら何になりたいですか？　それはどうして？
- いまから100年後の世界はどうなっていると思いますか？
- もし、宇宙人がいるとしたらどんな生物だと思いますか？
- サンタさんに100万円もらったら何に使いますか？
- 大好きなお友達のことを教えてください

おまけ：日本語で発表する～発表した自分の答えを1分でノートに書く

小学3年生以上のお子さんは、発表が終わったら、**自分が発表した答えをまとめて、さっと1分でノートに書きましょう**。そうすると、頭がすっきりまとまります。

ノートに書いて整理整頓すると、ハーバード生も大得意の「要約力」がつきます。

つまり、ハーバード生が得意とする**「100聞いたら1にまとめる。わかりやすくなって相手が喜ぶから」**がみるみる実践できるようになります。

そして、頭や心にすきま＝ゆとりができて、次の作業がやりやすくなったり、**創造性がふくらんだり、ストレスが軽減**されたりするのです。

家族でらくらく「超シンプル自己紹介」

「英語を話す」学習の入門と言えば、自己紹介です。

相手に自分を知ってもらう自己紹介は、コミュニケーションの最初の入口。子ども同士の会話からビジネスまで応用できる「英語を話す」の基本です。

そこでもうひとつ、スピーキングのレッスンとして、英語の自己紹介にチャレンジしましょう。

ここで紹介する英語の自己紹介レッスンは、**「丸暗記するだけ」というういたってシンプル**なものです。

手順はこうです（↓232ページ）。

①お子さんは、ステップ①の自己紹介文を丸暗記、暗唱します。

まったく英語ができなくても大丈夫。おうちの方（親やきょうだい）が音読して、お子さんに音声だけマネしてもらいます。カンペキを目指さず、テキトーでOKです。

②ステップ②で、日本語訳を音読して意味を確認します。

読めないお子さんは、ここでもおうちの方と一緒に音読しましょう。

③ステップ③の何か所かが（　）と下線になった例文に、お子さんの名前や年齢などの情報を書き込んで穴埋めし、**「自分用の自己紹介文」**をつくります。

④今度はそれを音読と「なぞり読み」で暗記し、発表します。

たったこれだけ。では、実際に例文を使ってやってみましょう。

ステップ① 例文を音読して暗唱

Let me introduce myself.
My name is Jiro Oita. I'm 7 years old.
I'm from Oita, Japan.
I go to ABC elementary school.
I like soccer.
Thank you for listening!

単語や英文を暗記するように、**“音読と「なぞり読み」”**で暗記します。

ステップ② 日本語訳を音読して意味をつかむ

自己紹介をします。
私の名前は大分次郎です。７歳です。
大分出身です。
ＡＢＣ小学校に通っています。
サッカーが好きです。
これで終わります。

ステップ③ 例文の(　　)を穴埋めして、自分のことを書く

Let me introduce myself.
My name is ________________. I'm ____ years old.
I'm from ________, ______.
I go to ________________.
I like ____________.
Thank you for listening!

ステップ④ 自分の書いた自己紹介文を音読と「なぞり読み」で暗記し発表

暗記できたら、家族の前で暗唱して聞いてもらいましょう。
上手に自己紹介できたら、ほめてあげましょう。

暗唱がカンペキにできなくても、そのチャレンジをほめてあげましょう。

巻末〝プレミアム特典〟「ハーバード生がつくった『英語4技能』がらくらく身につく動画・音声データ付き3点セット」の中に、愛をこめた手紙と思い出を語る作文の2つのドリルがありますので、ぜひやってみてください。

私は、英語教室でも、

「自分のことを書いた自己紹介文を100個つくって暗記しておけば、世界中の人とお話しできるよ」

と言っています。

すみれもこう言っています。

「確かに、私の場合は**『日本出身』『バイオリン』『ミュージカル好き』というキーワードを入れた短い自己紹介**と、**音楽という共通言語**があるだけで、ハーバードに行ってからすぐ友達をつくることができました」

家族でらくらく英会話

最後に、家族で楽しめる「英会話」をご紹介します。これもとてもシンプルです。

やさしい英会話を家族で暗記しておいて、ロールプレイをするだけです。

ママがAさん、お子さんがBさん、次は交代ね、などと楽しんでみてください。

プレミアム特典もぜひ楽しみにしていてくださいね。

【ice cream】

A：I want to eat ice cream.

B：Me too.

A：Let's go to the ice cream shop.

B：Sure.

【アイスクリーム】

A：アイスクリームが食べたいな。

B：私も！

A：アイスクリーム屋さんに行こうよ。

B：うん、そうしよう。

エピローグ

「私をたくさんほめて育ててね」

私がもう一度生まれ変わったら、新しい両親に〝絶対〟そうお願いします。


ほめて育てた成功例をたくさん知っています。

ほめると子どもが調子に乗る、よいほめ方と悪いほめ方があるなどと言ってほめない方が多いですが、ポイントはそこではありません。

子どもをほめて、全身全霊で受けとめる、**存在を１２０％肯定する**、そこがポイントなのです。


アンコンディショナル・ラブ（どんなときも何があってもあなたの味方です）、フル・アテンション（いつもあなたを見守っているから安心してください）、

この世の最高レベルの愛情がこの2つです。

この2つの愛を子どもに毎日示すためにほめるのです。

いまではすっかり遠のいたかもしれませんが（笑）、恋愛中を思い出してください。

恋人の自慢、うんちく、ジョーク、報告、笑顔、いろいろありましたね。

これらすべては、恋人があなたに、〝君が世界で一番好き〟を伝えるためでした。

一世一代の「プレゼンテーション」、ものすごい努力です。

そんな恋人のいかにもうれしそうな自慢話（内心はあなたの気を引くために必死）に、

「そう。ところで、聞いて聞いて私、実は今日ね……」

「うん。でも、それは間違っているよ。なぜなら……」

などと言いますか？

言ったら、１００年の恋も冷めます。

恋人のうれしそうな自慢や報告は、たとえ突っ込みどころ満載でも、あなたとうれしさを共有したい、その話題を通じてあなたに好きと伝えたい、という気持ちの表れでした。

子どもも同じなのです。

毎日、あれやこれやいろいろしでかしますが、どんな言葉も態度もすべて、「ママ（パパ）大好き、わかって」と体いっぱいに表現しているだけなのです。

ですから、さびしいときはお腹や頭が痛くなる、かまってくれないときは機嫌をそこねる。

反対に、あまりにも過剰な期待にストレスいっぱいになる。

そこはすべて、ママやパパがよく注視して、深い対話とやさしいボディタッチを通じてコントロールするところで、怒ったり、しつけたりと親がえらそうにするところではありません。

100年の恋よりも影響は深く、子どもの生涯にわたる自己肯定感に影響するからです。

成長の早い子どもは、朝起きたら別人になっています。

これは本当です。

ですから、**「昨日ほめたから今日はいいや」は子育てには通用しません。**

また一からほめ直しです。

子どもの笑顔も、すねた顔も、怒りの口調も、すべてが親に向けられた最高の「愛情のプレゼンテーション」。

この世の中に、自分をそんなに愛してくれる存在がいるんですよ！　すばらしすぎて、怒る気持ちなんて起きません。

親の子育ての最大の目的は、子どもに立派な人間に成長してもらうこと。「立派」の意味は家庭それぞれですが、心では、自分を超えた存在になってほしいと願うものです。

欲張りでもいいではないですか。

この本は、英語の本ですが、究極的なテーマは、**言葉を学ぶ＝どう生きるか**です。

恋愛と同じで、子育てはひとりではできません。

相手との相互作用で築かれていくものです。

子どもを育てながらも、実は親が育てられている！

親は子ども時代をもう一度、英語と一緒にエンジョイしてみてください。

最後に、この本をつくるにあたりサポートしてくれた、未来を担う20代のみなさま——サム、ケン、イェジン、ブランドン、ジェフ、キーガン、アイコ、ジオン、リン、ユウキ、ジェイミー、そして娘のすみれに心からの感謝とアンコンディショナル・ラブを捧げます！

そして何より、常にポジティブ・マインドで強烈な激励メールを私に送り続けて完成に導いてくださった、ダイヤモンド社の寺田庸二さんをはじめとするクリエイティブスタッフのみなさま、ご一緒にお仕事ができて最高にハッピーでした！　ありがとうございました！

２０１７年5月

廣津留《ひろつる》　真理《まり》

プレミアム特典

ハーバード生がつくった「英語4技能」がらくらく身につく動画・音声データ付き3点セット

最後に本邦初の試みとして、
ハーバード大学生完全協力のもと、
英語4技能がらくらく身につくプレミアム特典を用意しました。
コンセプトは「親子で使え、家族みんながハッピー！」です。
プレミアム特典の目玉は3つあります。

1 プレミアム特典
ハーバード生がつくった親子で「読む力」「聞く力」「話す力」が
アップする音声データを初公開！

2 プレミアム特典
ハーバード生＆ジュリアード音楽院生作詞・作曲・演奏の歌の
動画と「らくらく単語暗記法」で「読む力」「聞く力」がアップ！

3 プレミアム特典
英検3級、準2級にも導入される「英作文」もこわくない！
「らくらく英作文攻略法」で「書く力」がみるみる伸びる！

1
プレミアム特典

2020年英語教育大改革、
変わる英検に対応！
動画、音声データ付きでわかりやすい！

ハーバード生がつくった 親子で「読む力」「聞く力」「話す力」がアップする音声データを初公開!

1 子ども用：英語のストーリーを読む

英語４技能の「読む力」「聞く力」がグングン伸びる！
英語のおはなしを読もう。暗唱しておうちのステージで発表しよう。
ハーバード生がつくったオリジナルストーリー

1）The Zoo
2）The Hippo and the Bird

2 家族みんな用：英語を話す

英語４技能の「話す力」「聞く力」がグングンアップ！
「話す力」は、英会話の暗記から始めよう！

3）Favorite Food
4）Lost Button
5）Eating Out
6）Math Problem

プレミアム特典のおまけ
子育て完全保存版マニュアル！ これだけ11のルール
完全保存版なので、単語暗記セットに一緒に入れておけます。

2 プレミアム特典

**英語は単語が9割！
ハーバード生＆ジュリアード音楽院生が
作詞・作曲・演奏する動画の歌と一緒に
楽しく暗記しよう！**

ハーバード生＆ジュリアード音楽院生作詞・作曲・演奏の歌の動画と「らくらく単語暗記法」で「読む力」「聞く力」がアップ!

7）単語の歌：School Trip Song「遠足に行こう」
8）単語リスト：覚えよう！　つづりと音が一致することが目的！
英検５級の単語が読めたら、あとは４級、３級と次々とらくに進めます！

3 プレミアム特典

英作文も暗記から！

英検3級、準2級にも導入される「英作文」もこわくない!「らくらく英作文攻略法」で「書く力」がみるみる伸びる!

英語４技能の「書く力」「読む力」がみるみるアップ！
マネてみるだけで英作文ができるようになる！
9）ママ宛ての手紙を暗記しましょう！
Dear Mom
10）最高の思い出について書きましょう！
What is one of your favorite memories?

1
プレミアム特典

ハーバード生がつくった 親子で「読む力」「聞く力」「話す力」が アップする音声データを初公開!

1 子ども用：英語のストーリーを読む

英語4技能の「読む」「聞く」……英語のおはなしを読もう！
暗唱しておうちのステージで発表しよう！

2020年の小学生英語、
変わる英検に対応!

進め方

英語のおはなしを読みます。

暗唱しておうちのステージで発表します。

★ハーバード生が絵本を読む音声データはこちら

→ http://dirigo-edu.com/book

1) The Zoo

One day, Ken went to the zoo. He walked around the zoo for a few hours.

At the zoo, Ken saw many animals. Ken saw an orangutan. It was hairy and orange. It sat in a tree.

Ken also saw a lion. It was big and yellow. Ken thought the lion was scary.

Ken saw a koala in a tree. It was gray and had a black nose. Ken thought the koala was cute.

That night, Ken went to sleep. He dreamed he was a koala in a tree. In the dream, Ken had an orangutan friend. They sat in a tree together. The lion was also in Ken's dream. The lion could not climb the tree. So, Ken and the orangutan were not scared. Ken woke up the next morning. He felt happy.

1)『どうぶつえん』

ある日、ケンはどうぶつえんに行きました。2〜3時間、どうぶつをたくさん見て歩きました。

オランウータンがいました。毛がふさふさで、オレンジ色でした。木にすわっていました。

ライオンもいました。大きくて黄色でした。ライオンはこわいな、ケンは思いました。

木の上にコアラがいました。灰色で黒い鼻でした。コアラはかわいい、ケンは思いました。

その夜、ケンは眠りにつくと、夢をみました。ケンはコアラになって、木の上にいました。

夢の中で、ケンはオランウータンと友達でした。なかよく木の上にすわっていました。

ライオンも夢に出てきました。ライオンは木に登れないので、ケンもオランウータンもこわくありませんでした。

翌朝、目がさめると、ケンはとても幸せでした。

2) The Hippo and the Bird

Harry Hippo and Barry Bird are great friends. Harry is a big gray hippopotamus. Barry is a little green bird. Harry and Barry spend all day together.

Harry and Barry like to help each other.

When Harry needs to see far ahead, Barry flies high into the sky. Then, Barry comes back and tells Harry what he sees.

When Barry is too tired to fly across a river, Barry rides on top of Harry's head so he does not get wet.

When fleas bother Harry, Barry eats them off his back. Barry likes the little snack.

Sometimes, Harry and Barry go on adventures.

Barry is about to eat a flea off Harry's back. But the flea says, "Wait!"

"What?" says Barry. "You can talk?"

"Yes," says the flea. "My name is Franny Flea. I am the smartest flea. Please don't eat me!"

"Well, you can't bother my friend Harry," says Barry.

"If you let me ride on your beak, I will use my smarts to help you on your adventures," says Franny Flea.

Barry says, "OK," and Franny jumps onto Barry's beak.

Together, Harry, Barry, and Franny go down the river to find more adventures.

2)『カバくんとトリくん』

カバのハリーとトリのバリーは大のなかよしです。ハリーは大きな灰色のカバで、バリーは小さな緑のトリです。毎日いつも一緒です。

ハリーとバリーはいつも助け合っています。

ハリーが遠くを見たいとき、バリーが空高く飛んで、ハリーのそばに帰ってきては見たものを教えてあげます。

バリーがつかれて川を渡れないとき、ハリーの頭にちょこんと乗れば、ぬれずに渡れます。

ハリーがノミに悩まされているとき、バリーが背中のノミを食べてくれます。小さなおやつです。

ときどき、ハリーとバリーは冒険に出かけます。

バリーがハリーの背中にいるノミを食べようとすると、「まって!」と声がしました。

「え?　きみしゃべれるの?」とバリー。

「ええ。私はノミのフラニー、ノミの中でいちばんかしこいのよ。お願いだから食べないで」とノミが言います。

「だって、きみがハリーにいたずらするから」とバリーが言います。

「あなたのくちばしに私を乗せてくれたら、頭を絞って冒険の計画を考えてあげるわ」とフラニー。

「わかった」バリーがそう言うと、フラニーはバリーのくちばしに飛び乗りました。

こうしてハリー、バリー、フラニーは、新しい冒険をさがしに川を下りはじめました。

2 家族みんな用：英語を話す

英語4技能の「話す力」「聞く力」がグングンアップ！
「話す力」は、英会話の暗記から始めよう！

★音声データはこちら → http://dirigo-edu.com/book

3) Favorite Food
4) Lost Button
5) Eating Out
6) Math Problem

進め方　**3) Favorite Food**

❶日本語を読みます

好きな食べもの
A：好きな食べものは何？
B：ピザ！
A：何ピザ？
B：ペパロニピザ。きみは？
A：チーズピザ！

❷英語音声を起動させて、本文を見ないで1センテンス（ピリオドまで）をリピートします

❸英語音声に重ねるように、本文を見ないで「シャドーイング」（→187ページ）します

❹本文を見ながら、英語音声に合わせて「なぞり読み」（→161ページ）します

3) Favorite Food
A：What's your favorite food?
B：I like pizza!
A：What kind of pizza?
B：I like pepperoni pizza. How about you?
A：I like cheese pizza!

❺おうちの人とAさん、Bさんになって英文を暗記しよう

❻できたら、おうちのステージで発表しよう

練習問題

4) Lost Button

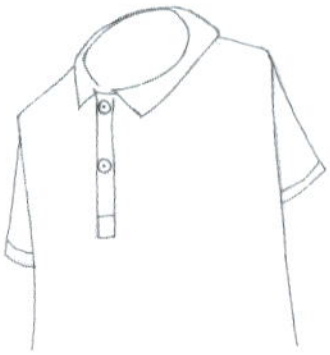

A：I lost a button on my shirt!
B：What are you going to do?
A：I have to find the button.
B：Where did you lose it?
A：I can't remember.
B：Let's look together.

4) なくしたボタン
A：シャツのボタンをなくしちゃった！
B：どうするの？
A：さがさなきゃ。
B：どこでなくしたの？
A：おぼえてない。
B：一緒にさがそうよ。

5) Eating Out

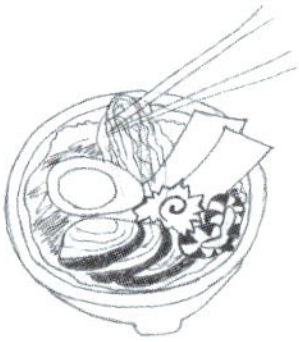

A：Let's go out to eat tonight.
B：That sounds like fun. Where to?
A：Let me think a minute.
B：I feel like eating Thai food.
A：I can't eat spicy food.
B：How about Korean food?
A：Korean food is also spicy.
B：Ah, right. How about ramen?
A：Sounds like a plan!

5) 外食
A：今晩は外で食べよう。
B：いいね。どこで？
A：そうだなあ。
B：タイ料理がいいな。
A：辛いのはダメ。
B：韓国料理は？
A：それも辛い。
B：わかった、じゃあラーメンは？
A：それでいこう！

6) Math Problem

A：Can you help me with this math problem?
B：Sure, which one is the problem?
A：This one. I don't know how to do this part.
B：I see. You added the numbers in the wrong order. Try this.
A：Oh I see now! Thank you!

6) 数学の問題
A：この数学の問題、教えてくれる？
B：いいよ、どれ？
A：これ。この部分がわからない。
B：見せて。たし算の順番を間違えたんだね。こうやってみて。
A：わかった！　ありがとう！

2
プレミアム特典

ハーバード生&ジュリアード音楽院生作詞・作曲・演奏の歌の動画と「らくらく単語暗記法」で「読む力」「聞く力」がアップ!

英語は単語が9割！　動画の歌と一緒に楽しく暗記しよう。
英語4技能の「読む力」「聞く力」がつきます。
まずは、下記のサイトから動画にアクセスしてみてください。
★http://dirigo-edu.com/movie

7) 廣津留すみれとジュリアード音楽院の仲間たちがつくった、楽しく学べる単語の歌: “School Trip Song”「遠足に行こう」を一緒に声に出して歌ってみよう！

7) School Trip Song

1.
Hey kids! Let me take you on a school trip with my friends! We started at the zoo, where we saw a lot of different animals. Today, we saw...

Penguin, monkey, zebra, elephant,
Hippo, turtle, rabbit, fox,
Cheetah, lion, tiger, orangutan,
Sheep and koala.

Now I told you what I learned,
When I was at the zoo.
I can teach you all the words that I learned,
And next time I'll bring you too.

2.
After we left the zoo, we got really hungry, so we decided to go to a restaurant to get some food! Today, we ate...

Apple, cherry, orange, strawberry,
Mushroom, spinach, onion, beans,
Pasta, pizza, hot dog, hamburger,
Coffee and tea.

Now I told you what I learned,
When I was eating food.
I can teach you all the words that I learned,
And next time I'll bring you too.

3.
After we left the restaurant, we were so full and tired that we decided to go home and finally rest. At home, we saw...

Table, notebook, pencil, library,
Blanket, pillow, towel, bed,
Kitchen, oven, toaster, microwave,
Toothbrush and cup.

Now I told you what I learned,
When I came home from school.
I can teach you all the words that I learned,
And next time I'll bring you too.

8) 単語リスト

動画「遠足に行こう」を見て聞きながら単語を覚えよう！
つづりと音が一致することが目的です。
英検５級の単語が読めたら、あとは４級、３級と次々とらくに進めますよ。

どうぶつえん
penguin（ペンギン）　monkey（サル）　zebra（シマウマ）　elephant（ゾウ）
hippo（カバ）　turtle（カメ）　rabbit（ウサギ）　fox（キツネ）
cheetah（チーター）　lion（ライオン）　tiger（トラ）　orangutan（オランウータン）
sheep（ヒツジ）　koala（コアラ）

レストラン
apple（りんご）　cherry（さくらんぼ）　orange（オレンジ）　strawberry（いちご）
mushroom（きのこ）　spinach（ほうれんそう）　onion（たまねぎ）　beans（まめ）
pasta（パスタ）　pizza（ピザ）　hot dog（ホットドッグ）　hamburger（ハンバーガー）
coffee（コーヒー）　tea（紅茶）

家
table（テーブル）　notebook（ノート）　pencil（えんぴつ）　library（図書館）
blanket（毛布）　pillow（枕）　towel（タオル）　bed（ベッド）
kitchen（キッチン）　oven（オーブン）　toaster（トースター）　microwave（電子レンジ）
toothbrush（歯ブラシ）　cup（カップ）

3
プレミアム特典

英検3級、準2級にも導入される「英作文」もこわくない!「らくらく英作文攻略法」で「書く力」がみるみる伸びる!

英語4技能の「書く力」「読む力」がみるみるアップ!
最初はマネてみるだけで英作文ができるようになる!

9) ママ宛ての手紙を暗記しましょう!
Dear Mom
10) 最高の思い出について書きましょう!
What is one of your favorite memories?

進め方

英作文は暗記からです。まず、下記の子どもが大好きなママに宛てた手紙「Dear Mom」を暗記します。

❶日本語を音読します。
❷英語を音読します。
❸暗記を始めます。何度も音読しながら、情景を思い描いてください。らくに覚えられます。
❹全4つの文章の、冒頭の1～2語だけ紙にメモして、それを見ながら暗唱します。
❺できたらご家族に発表します(または録音します)。
❻余力のある方は、ノートに暗記した文章を書き出します。これで「作文」になります。

9) Dear Mom

Dear Mom,

I love you very much. I love you because you always take care of me. You always help me whenever I am in trouble and make sure I am all right. I love having you as my mom.
Love,
Taro

9) ママへ

ママへ
ママが大好きです。いつもお世話をしてくれるからです。
私が困っているときは、いつでも私が安心できるまでサポートしてくれるからです。
ママが私の親でよかったです。
太郎より

次は、英検３級の作文問題レベルの英作文に挑戦します。

①日本語を音読します。
②英語を音読します。
③暗記を始めます。何度も音読しながら、情景を思い描いてください。らくに覚えられます。
④全６つの文章の、冒頭の１〜２語だけ紙にメモして、それを見ながら暗唱します。
⑤できたらご家族に発表します（または録音します）。
⑥余力のある方は、ノートに暗記した文章を書き出します。これで「作文」になります。

10) What is one of your favorite memories?

One of my favorite memories is going to the beach with my family. We swam in the ocean. Then, we all had a big lunch. After that, my sister and I played with toys in the sand. Then it was time to go home. I had so much fun at the beach with my family.

10) あなたの最高の思い出をひとつ教えてください。

私の最高の思い出のひとつは、家族とビーチに行ったことです。
海で泳いで、それからみんなでランチを食べました。
そのあと、妹と私は砂浜でおもちゃで遊びました。
帰る時間になりました。
家族とビーチでとても楽しくすごしました。

特別協力
プレミアム特典

ハーバード大学 Class of 2015
Sam Richman
(Stories, Audio Voice)

ジュリアード音楽院
JHMJams：
Ken Kubota
(Vocals, Cello, Narration)
Brandon Ilaw
(Vocals, Piano, Cajón)
廣津留すみれ
(Vocals, Violin)
Ye Jin Choi
(Video)

最後に、第2章末の110ページで紹介した、本当に使える「らくらく英語ミニ絵本」ベスト5の「第3位」にランクインした、“Curious George Goes to a Chocolate Factory”（おさるのジョージチョコレートこうじょうへいく）の英語ミニ絵本を読んだすみれが、小学低学年時代に描いた初公開のイラストと日本語訳です。子どもの伸びる力は無限大です。ぜひ、子どもの想像力（創造力）を豊かに育んでいただければと思います。

知りたがりやの

ジョージ

チョコレート工場へ行く

H・A・REY 作
広津留すみれ かく

茶色い点は、やっぱりチョコレートでした。ツアーガイドが、グループに、チョコの中に何が入ってるかをチョコのてっぺんを見ながらせつ明していました。

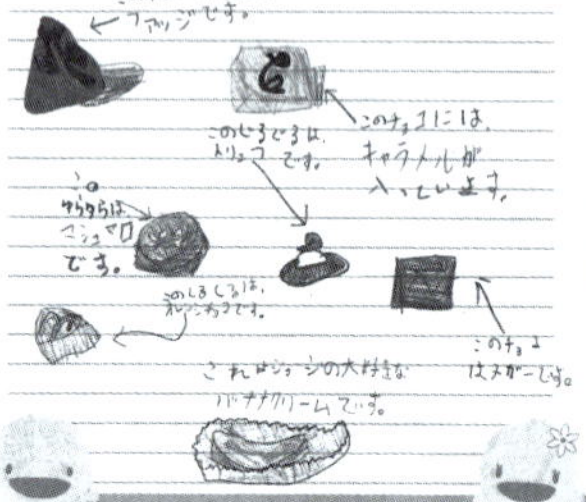
この小さいうずまきは、ファッジです。

ジョージはツアーガイドについていって、バルコニーからチョコを作っている所を見ました。下には、いそがしいしょく人たちが、きかいからチョコをとって箱に入れる作業をしていました。

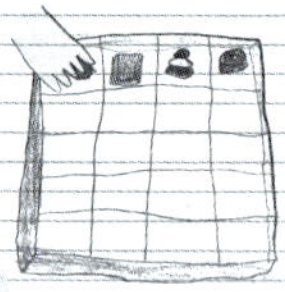

このきかいは、ぐるぐるが上にのっているチョコを作っています。きかいの中からチョコが長いベルトにのってでてきます。でも、どうやってぐるぐるをつけているんだろう？ジョージは知りたくなりました。

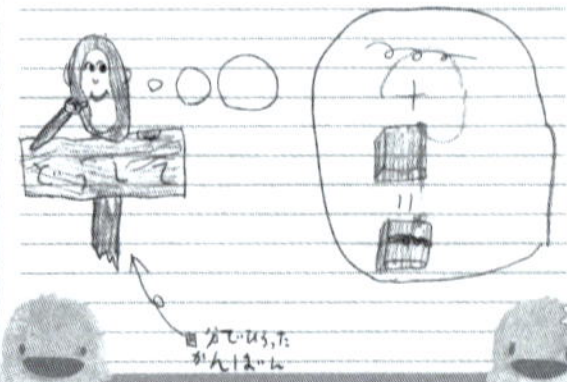

ジョージはバルコニーから下りました。そしてきかいの上におりました。ジョージはきかいの中をのぞいてみました。どうやってぐるぐるができたか見ようと思った時、

とつぜん…

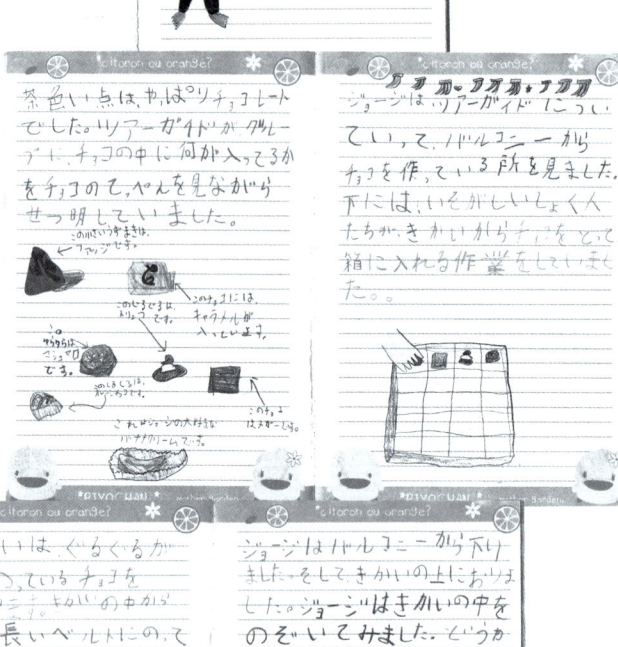

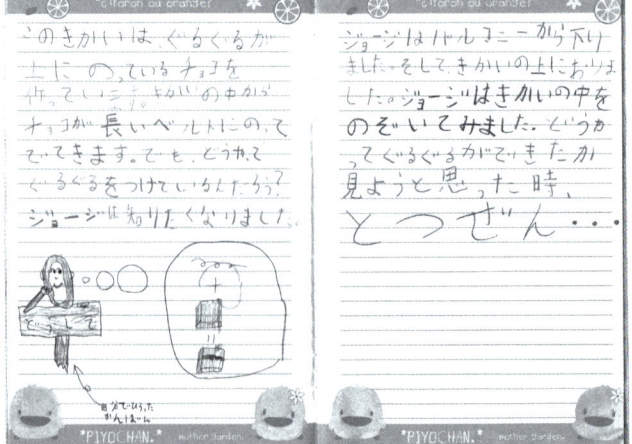

プレミアム特典のおまけ

子育て完全保存版マニュアル!
これだけ11のルール

完全保存版！　単語暗記セットに一緒に入れておけます。
手帳に挟んだり、財布に入れたり、いつでもどこでも読んでください。
教材をお子さんと一緒にやるときは、下記の11のことを注意してみてくださいね。

1 間違えても、訂正しません。こだわらずにどんどん読み進みます。

2 読めているのかわからなくても、一緒に指差ししながら読み進めます。

3 できているかどうか、決して試しません。

4 ダラダラ続けません、「飽きる1分前」にやめます。

5 子どもは「未来人」。
大人より頭がいいので「できる」と信じて進めます。

6 眉間にシワを寄せないで、リラックスして見守ります。

つい声が大きくなったり、叱りたくなったりしたときは……

7 子どもは親の所有物ではありません。
ひとりの独立した個人として尊重します。

8 子どもはあなたのことを世界で一番愛しています。しかも一生涯にわたり。こんな人間は他にいません。

9 長い人生で、その単語をいま読み間違えたことは大きな問題ではありません。笑い飛ばせる余裕を持ちます。

10 親は子どもの最初のお手本です。叱っているあなた自身の日頃の姿勢や向上心は大丈夫か、振り返ってみましょう。

11 ほめる、ほめる、ほめる！　とにかくほめてお子さんの自己肯定感を高めます。自分の悪口、怒鳴り声、イヤなSNSメッセージ、あざけり、自分が受けたとしたらどうでしょうか。その日が台無しになりませんか。子どもは大人より経験不足なので、ほんの些細なことにも傷つくものです。ほんのひと言に気をつけましょう。

［著者］

廣津留真理（Mari Hirotsuru）

ブルーマーブル英語教室代表、一般社団法人Summer in JAPAN（SIJ）設立者・代表理事・総合プロデューサー、株式会社ディリーゴ代表取締役。早稲田大学第一文学部卒。大分県在住。

これまで英語教室（大分県）と県内外のセミナーで3000人の生徒を教える。

幼児（４歳）から高校３年生（18歳）までが一緒に学ぶ無学年制の画期的な英語スクール、国際交流とグローバル人材育成のサマースクール、「親力」を養うワンコインセミナーを３本柱に活躍。

「従来の受験英語」ではなく、「英語４技能（読む、聞く、話す、書く）」を高いレベルで鍛えることで、多数の生徒を英検１級・準１級合格に導き、議論・読書好きに育て、難関大学合格レベルを超えた一流の英語力を提供。彼らが大学生になると、アメリカやヨーロッパの大学に留学して見聞をさらに深めるという好循環を生んでいる。

独自の「ひろつるメソッド®」は、「はじめから難易度の高い本物の英語を教える」という逆転の発想のもと、英語未経験の小学生でも大学入試レベルの長文が読めるようになる衝撃の指導法である。

週１回たった75分のレッスンで、小学生が１年以内に英語をゼロから始めて英検３級以上の範囲を終了するメソッドは、汎用性が高く、誰でも本物の英語力がつくと圧倒的な支持を得ている。

その効果を最大限に体現したのが長女のすみれ。2012年に彼女が、18年間塾なし、小中高12年間の学費わずか50万円で、地方の公立小中高からハーバード大学へ現役合格。現在、ニューヨークの名門であるジュリアード音楽院（2017年QS世界大学ランキング第１位【パフォーミングアーツ部門】）の修士課程に在学中。

2013年、ハーバード生が日本の子どもたちに英語のライティングと自己表現力を教えるサマースクール「Summer in JAPAN」（開催地：大分・岡山）を設立。

これまでに500人超の現役ハーバード生の採用筆記試験審査と100人以上の面接にあたる。同時に、地元大分県の日本人大学生やアジア人留学生を積極的に活用。SIJの活動により、2014年12月、経済産業省の「キャリア教育アワード奨励賞」を受賞。

サマースクールの受講生は、日本全国の進学校やインターナショナルスクールはもとより、アメリカ・カナダ・中国・韓国・シンガポール・香港など海外からも参加が相次ぎ、リピーターも続出。「立地や条件にかかわらず、唯一無二で価値のあるものには人が集う」という著者の主張が４年にわたり現実のものとなっている。

英語４技能と国語力と教養を同時に鍛えるのが基本という考え方のもと、家庭環境の大切さを保護者に語りかけ、誰でも文化資本にアクセスできる社会の実現を目指している。

「得意なことを究極まで伸ばす」「週末は平日と違う活動をする」「ほめて育てる」「親も自分を磨こう」がモットー。

著書に『世界に通用する一流の育て方――地方公立校から〈塾なしで〉ハーバードに現役合格』（SBクリエイティブ）がある。

【著者HP】
http://dirigo-edu.com/

英語で一流を育てる
――小学生でも大学入試レベルがスラスラ読める家庭学習法

2017年5月24日　第1刷発行
2017年6月6日　第2刷発行

著　者――廣津留真理
発行所――ダイヤモンド社
〒150-8409　東京都渋谷区神宮前6-12-17
http://www.diamond.co.jp/
電話／03·5778·7236（編集）　03·5778·7240（販売）

装丁――――井上新八
本文デザイン・DTP－吉村朋子、佐藤麻美
編集協力――柳沢敬法
製作進行――ダイヤモンド・グラフィック社
印刷――――勇進印刷（本文）・加藤文明社（カバー）
製本――――宮本製本所
編集担当――寺田庸二

ISBN 978-4-478-10170-4